BASTEI
LÜBBE

FREDERICK VAN GUARD

Charles und Diana

Die Geschichte einer großen Liebe
und die Traumhochzeit in London

BASTEI
LÜBBE

BASTEI-LÜBBE-TASCHENBUCH
Band 10 154

Originalausgabe

Lizenzausgabe: Gustav Lübbe Verlag GmbH,
Bergisch Gladbach
Printed in Western Germany 1981
Einbandgestaltung: L. Oedinger
Titelfoto: dpa
Gesamtherstellung: Ebner Ulm
ISBN 3-404-10154-5

Der Preis dieses Bandes versteht sich einschließlich
der gesetzlichen Mehrwertsteuer

I.
Lebende Geschichte

Am 29. Juli 1981 mittags Punkt 12.12 Uhr schien die Welt aus der Balance geraten zu wollen. Eine Milliarde Menschen von Taiwan bis Brasilien hielt den Atem an. Es galt, das Ja-Wort Lady Diana Spencers mitzubekommen, ob sie die Ehefrau von Prinz Charles werden wolle, Fürstin von Wales, künftige Königin Großbritanniens und mehr als ein Dutzend Staaten des britischen Commonwealth, in denen der Monarch noch Staatsoberhaupt ist. Dies Ja kam. Ein befangen gemurmeltes, durch die belegte Stimme in den mithörenden Mikrophonen dumpf klingendes »I will«. Die Welt blieb heil. Eine heile Welt. Und eine Milliarde Menschen befand, daß es nicht nur Not und Mühsal gebe hier auf Erden, sondern auch allen Grund zur Freude. Männer sahen, daß es auch noch etwas anderes gibt als Benzinknappheit, Arbeitslosigkeit, Teuerung. Frauen schöpften Hoffnung, daß die Furcht vor morgen vielleicht doch nicht nötig sei. Mütter heiratsfähiger Töchter, Burschen und Mädchen sahen mit eigenen Augen, daß Reichtum nicht zu Arroganz führen muß, zu Kühle und Unnahbarkeit und daß ein Mädchen mit solchem Hintergrund in ein Märchen Eingang gefunden hat, weil es zu bieten hat, was auch ein Aschenputtel zu bieten vermag – Liebreiz.

Der Schleier – viel zu dicht ausgefallen an diesem viel zu statuarischen Brautkleid von David und Liz Emanuel aus über Tüll gestülpter schwerer Seide – vermochte nicht zu verbergen, daß es ein backfischhaftes Mädchen war, das sich eineinviertel Stunden vorher zur Fahrt zur Kirche aufgemacht hatte, vom Vater begleitet und, da es noch ein Niemand war, wenn auch bejubelt wie ein Star, lediglich von einer berittenen Polizisteneskorte.

Man hätte gern mehr gesehen von dieser Diana, auch dort auf dem roten Teppich im Mittelgang von St. Paul's Cathedral, nicht nur Tüll und Rüschen, den in Volants spielenden, halsfernen Kragen, den allzu fraulichen V-Ausschnitt, nein, das Gesicht –, das zauberhafte Gesicht mit den ungeheuer beeindruckenden Augen, in denen, seltsam für eine knapp Zwanzigjährige, ein Ausdruck liegt, der mehr als Ahnung ist, aber noch nicht Wissen, und ebensoviel Mut zeigt wie Angst. Es müssen diese Augen gewesen sein, die Prinz Charles erobert haben.

Eine kleine blaue Schleife war irgendwo alter englischer Sitte gemäß ins Brautkleid eingenäht, irgendwo auch ein kleines goldenes Hufeisen, die Schleppe über acht Meter lang, und Diana war eine schöne Braut, als sie die fünfundzwanzig Stufen zum Kirchenportal hinaufschritt, während ihr die Menge schon erste Glückwünsche zurief – auch solche darunter, die sich die Plakette »Don't do it Di« – Tu's nicht, Diana – angesteckt hatten, nicht um sich als Republikaner zu gebärden, sondern eher das Gegenteil: Menschen, die in ihrer künftigen Königin den Mitmenschen sehen und im königlichen Hof keine Gesellschaft Privilegierter, sondern Diener des Staates. Jederzeit. Und nicht zuletzt eben auch am Hochzeitstag.

Als sie da stand neben Charles, die Hände ebenso noch unterm Schleier wie das Gesicht, da schien es seine Kraft, seine Gelassenheit, woran sie sich aufrichtete – und hatte sie ihn denn nicht auch beim Fernsehinterview am Vorabend eine »Festung« genannt? –; nicht einmal das Brautgesteck aus weißen Orchideen, Gardenien, Myrte und gelben Mountbatten-Rosen war ihr geblieben, das die Oberbrautjungfer Lady Armstrong-Jones, Charles' Cousine, während der Zeremonie verwahrte. Aber zuerst nur gleich groß wie der Prince of Wales, wirkte sie bald auch gleich stark. Da war kein Zittern in der Stimme, als sie das Gelöbnis abgab, in guten und schlechten Zeiten eine zu ihrem Mann haltende (nicht ihm »gehorchende«) Ehefrau sein zu wollen, und als Charles schließlich – in Fregattenkapitänsuniform mit entsprechendem Seemannbaß – formulierte: »Mit diesem Ring heirate ich dich . . .«, da war die Hand, die zum Vorschein kam, überraschend ruhig. Und blieb es von da an, sooft auch die Fernsehkamera über den von vierzehn Diamanten gerahmten Verlobungssaphir und den schlichten Reif aus Gold aus Wales hinschwenkte.

Um 12.18 Uhr gab der Erzbischof von Canterbury, Dr. Robert Runcie, zum erstenmal in silberfarbenem Ornat, Charles und Diana zusammen, um 12.19 Uhr gab die Gemeinde – sprich die Gesellschaft der Geladenen, die »gekrönten Häupter« darunter mit Fürstin Gracia Patricia und Sohn an der Spitze – ihr Amen dazu. Dr. Runcie hatte recht, wenn er meinte, dies sei der Stoff, aus dem Märchen gemacht würden, daß aber ein Hochzeitstag – und gerade auch für dieses Paar – nach christlicher Auffassung kein Ende, sondern einen neuen, größeren Anfang bedeute. Die Queen jedenfalls war sehr ernst, übrigens die ganze Zeit über, und das kleine Lächeln, das sie dem Sohn mitgab, als die Frischgetrauten sich nach ganz vorn zum Altar begaben, um die Gebete zu sprechen, war ein wehmütig-mütterliches, das für unzählige Frauen überall in der Welt gewichtiger gewesen sein dürfte als die durch Kameraschwenks über die Versammelten zu gewinnende Erkenntnis, daß die Hutmode zu großen, breitkrempigen Hüten in Blau tendiert.

Apropos Mode: Elegant ohne Frage Nancy Reagan, die Gattin des US-Präsidenten, in altrosa Voile, elegant auch Dianas Mutter in hellblauem Chiffon, aber sich ins Gedächtnis prägend: Königinmutter Elizabeths wieder einmal einzigartiger Hut, die Würde von Dianas Großmutter Lady Fermoy, die Mühe ihres Papas Earl Spencer, die Schlaganfallfolgen nicht merken zu lassen, der fröhliche Charme von Virginia Pittman, mit der Diana in ihrer Zeit als Kindergärtnerin zusammengewohnt hatte, einem 21jährigen Kochlehrling.

Die Hochzeit hatte all die Pracht, die ein Königreich wie das britische aufzubieten vermag – weshalb die Engländer, die sehr wohl wissen, in dieser Beziehung unübertrefflich zu sein, von einer Monarchie wie der der Niederlande auch von einer »Fahrradmonarchie« sprechen. Daß die Straßen, durch die der Brautzug führte, dekoriert waren, war klar, war Ehrensache, daß die Kaufhäuser der Londoner City mitmachten, kann man eventuell noch mit dem Erwerbssinn in Zusammenhang bringen, doch haben ja auch die einfachen Leute mitgemacht draußen in East End, und viele davon solche, bei denen die Arbeitslosigkeit sich wie ein Schwamm im Haus eingenistet hat.

Am Abend zuvor hat man, sich verbrüdernd, die City mit East End, die Bürger mit den Arbeitern, im Hyde Park bei einem Brillantfeuerwerk Polterabend gefeiert. Der Verkehr brach zusammen, Kinder, die längst im Bett hätten sein sollen, kamen erst gegen Morgen heim. Um vier Uhr in der Früh wurden die Zeitungskioske aufgemacht mit den Reportagen über dies Ereignis – und eine Stunde später waren sie ausverkauft. London, ganz England war im Hochzeitsfieber.

Vier Wochen hatte es geregnet, das berühmt-berüchtigte allsommerliche Island-Tief, und noch in der Nacht hatten Schauer diejenigen belästigt, die sich campierend ganz vorn am Straßenrand niedergelassen hatten, um die beste Sicht zu haben, wenn der Zug käme, aber als es soweit war, da herrschte »Kaiserwetter«. Charles ist halt ein Sonntagskind.

Pünktlich 11.20 Uhr fuhren die Brautjungfern zur Kirche ab, exakt fünf Minuten später tat es die Königin im offenen Landauer, neben sich Prinz Philip, vierspännig, wie nur sie und der Thronfolger es dürfen, und bei dieser Gelegenheit durften auch die Deutschen zur Kenntnis nehmen, nicht nur in Gestalt des Vaters des Bräutigams, der ja durch und durch Deutscher ist, an dem Geschehen beteiligt zu sein. »Oskar«, »Roland«, »Peter« hießen die Pferde, die die Queen – in aquamarinfarbenem Crêpe du Chine und dazu passendem Hütchen mit Blumengarnitur – und ihren Gemahl nach St. Paul's brachten, und das vierte »Bonn« (in Erinnerung an Elizabeths II. Besuch in der Bundesrepublik).

»God save the Queen« intonierte die Kapelle, die am Tor von Buckingham Palace Aufstellung genommen hatte, und befeuert von der Aufforderung ließ auch die Menge die Königin hochleben, den Ruf tausendstimmig weiter und weiter gebend. »Ich hoffe«, hatte Prinz Charles zu Fernsehinterviewern am Vorabend gemeint, »daß mich die Musik über den roten Teppich zum Altar tragen wird«, offen zugebend damit, daß er nicht wisse, ob ihm nicht die Tränen kommen würden, und so hat auch Jubel und nichts als Jubel die Queen und ihn zur Paulskirche getragen.

Der alte MacMillan war da, Margaret Tatcher war da – in Dunkelblau, das an diesem Tag tonangebend war –, auch Lord Snowdon, der aber nicht fotografierte wie sonst immer bei königlichen Hochzeiten, und die Königin und der König von Tonga, dieser mit Zylinderhut, gebeugt und umfangreich, aber blaublütig auch er, mit einer Ahnentafel, die aufzuzählen Stunden dauert.

Was am Rande auffiel: Die Distanz zwischen Earl Spencer und seiner geschiedenen Frau, der Mutter Dianas, vor allem auch, als die zwei als Trauzeugen sich entfernten (der Streit um die Kinder seinerzeit muß doch furchtbare Wunden geschlagen haben); der Studentenpfarrer aus Cambridge und die Aufmerksamkeit, mit der Charles, der den Geistlichen während seiner Studienzeit dort kennengelernt hat, ihm lauschte; der Chor – und mitten unter den weißbehemdeten Engländern ein dunkles Gesicht, ein Farbiger; Dianas Großmutter Lady Fermoy, Oberhofdame der Königinmutter, welche sitzen blieb, als der die Trauung vollziehende Erzbischof von Canterbury das Paar zusammengab, vielleicht doch schon gebrechlicher also, als es ihr Aussehen besagt – und: die kleine Eitelkeit des Bräutigams, seine schon ziemlich kahle Stelle auf dem Hinterhaupt mit sorgfältig gelegten Strähnen zu verdecken.

Und: was selten zu sehen ist, was auch noch kaum ein Außenstehender gesehen hat – der Eingang zum Buckingham-Palast; eine Auffahrt zwar und überdacht, auch von Säulen flankiert, aber so gar nicht pompös. Wenn nicht das große Tor davor wäre, der Innenhof, man würde sich fragen, ob es wirklich hier ist, wo die Queen wohnt.

Doch was wird bleiben, wenn Einzelheiten sich verloren haben? Bleiben wird diese Trauung – die trotz allem Bombastischen nicht zum Spektakel ausgeufert ist – als ein Meilenstein in der seit tausend Jahren sich fortpflanzenden Geschichte des englischen Königtums. Bleiben werden die Magie und die Mystik einer Institution, welche mit Veranstaltungen wie dieser aller Welt beweist, daß Ewigkeit nicht nur eine leere Formel ist. Wie eine Arbeiterfrau dem Reporter, der wissen wollte, was diese so aufwendige Trauung für sie bedeute, sagte: »Lebende Geschichte.« Und die Briten wissen sehr wohl, daß dies mit der Wahl des Ortes begann.

Als das Paar bekanntgab, in St. Paul's getraut werden zu wollen, der Kirche, die dem Patron der Stadt London geweiht ist, hieß es, dies geschehe, um mehr Gäste und vor allem auch – auf den fünf Kilometern An- und Abfahrt – eine größere Öffentlichkeit teilnehmen zu lassen. Das Argument wurde akzeptiert. Hatte nicht Prinz Charles selber einmal zum Thema Staatsbesuche gesagt: »Für mich besteht ihr Sinn darin, so viele Leute wie nur möglich zu treffen, damit sie durch eigenes Erleben mitbekommen, daß ich nichts Außergewöhnliches bin, sondern ein Mensch wie andere.« Gut zwei Millionen Menschen dürften sich in den Straßen, die jetzt der Hochzeitszug passierte, gedrängt und eine nicht unbeträchtliche Zahl anderer an diesem Interesse gut verdient haben, indem sie, insbesondere in den Straßenschluchten Strand und Fleet Street ihre Fenster vermieteten; von einer amerikanischen Fernsehgesellschaft, die hier Kameras aufzubauen wünschte, wurden über 20000 Mark für ein einziges Fenster verlangt.

Doch die eigentlichen Gründe, die Trauung nicht in der »traditionellen« Westminster Abbey stattfinden zu lassen, waren andere, privatere. Was Diana betraf, so mag es eine Art Aberglaube gewesen sein. Es wäre ihr als schlechtes Omen vorgekommen, in St. Peter's – wie die gotische Abteikirche im Schatten des aus dem Palace of Westminster entstandenen riesigen Parlamentsgebäude am Themseufer regulär heißt – getraut zu werden, hatte doch der Lebensbund, den ihr Vater und ihre Mutter 27 Jahre früher hier schlossen, nicht gehalten.

Für Charles haben Überlegungen ähnlicher Art eine Rolle gespielt – Westminster Abbey ist verbunden mit der bittersten

Stunde seines Lebens, als er bei der Totenmesse für seinen von der IRA ermordeten Großonkel Lord Louis Mountbatten am Bibelpult die Lesung hielt.

Die Stimme hatte ihm gestockt, und er hatte mit den Tränen kämpfen müssen, wie am Fernsehschirm deutlich zu sehen gewesen war, und so hatte er allen Anlaß zu fürchten, daß ihn die Erinnerung daran – und an jenen alten Herrn, zu dem er ein Verhältnis hatte wie zu keinem anderen Menschen auf der Welt –, übermannen und die ersten Minuten eines neuen Lebensabschnitts überschatten könnte.

Dieser Lord Mountbatten, als »Uncle Dicki« die graue Eminenz der Windsor-Familie, und Charles waren mit den Jahren »zu einer Art von Gesellschaft zur Bewunderung auf Gegenseitigkeit«, wie es Prinz Charles' Biograph Anthony Holden einmal formuliert hat, zusammengewachsen – für den Jüngeren war Lord Louis der »große Mann schlechthin«, für ihn, der fast ein halbes Jahrhundert älter war, war Charles »ein echter Freund«. Man sah sich mindestens einmal im Monat, schrieb sich zwischendurch Briefe, konnte stundenlang zusammensitzen, ohne einander zu langweilen.

Einmal schickte der Lord Charles den Entwurf zu einer Rede, die dieser anläßlich irgendeines von Mountbatten zu organisierenden Marinetreffens halten sollte, und Prinz Charles antwortete mit dem von ihm verfaßten Manuskript, worauf ihn Mountbatten ein rundes Dutzend Einwände wissen ließ. »Na ja«, erzählte er später grinsend darüber, »die Sache endete damit, daß Charles eine Rede hielt, die mit dem, was ich mir vorgestellt hatte, auch nicht das geringste zu tun hatte. Aber ich war nicht getroffen, ich war entzückt. Denn es war eine wirklich gute Rede, und ich hatte allen Grund, stolz auf ihn zu sein.«

Gefragt, ob die Nation nicht von Glück sprechen könne, einen Thronfolger beschert bekommen zu haben von der Intelligenz und der Gewissenhaftigkeit eines Prinzen Charles, schnauzte Louis Mountbatten, der nach 43 Jahren in der Marine Erster Seelord geworden war, in seiner grob-ehrlichen Seemannsart: »Glück?! Das ist nicht bloß Glück, das ist gottverdammt ein Wunder!«

Der Kranz, den Charles ihm ans Familiengrab in Romsey, Hampshire, schickte, trug die Schleife: »To HGF from HGS« – »To Honorary Grandfather from Honorary Grandson (Dem Großvater ehrenhalber vom Enkel ehrenhalber).«

Prinz Charles war damals, Ende August 1979, wie öfters zum Lachsfischen bei den Tryons gewesen, die am Hofsá-Fluß im Nordosten von Island eine Lodge unterhalten, und mitten aus einer Zeit völligen Abschaltens herausgerissen worden. (Lord Tony Tryon, neun Jahre älter als Charles und Sohn eines Schatzmeisters der Queen, gehört zu den ganz wenigen engen Freunden, die seinen Besuch unangemeldet erwarten dürfen), und er hatte sich, sein Gesicht versteinert von Ingrimm, privat geäußert: »Am liebsten würd' ich Uniform anziehen und hingehen und ein paar von diesen Killern umlegen!«

Und auch damit hängt zusammen, daß es St. Paul's geworden ist und nicht Westminster Abbey. St. Paul's ist Englands Nationalkirche, ist die erste Garnisonskirche des Landes, wo Nelson und der Herzog von Wellington ruhen, wo die zerschlissenen Regimentsfahnen glorreicher Siege aufgehängt sind und wo es, hinter dem an Stelle des im letzten Kriege durch einen Bombenvolltreffer zerstörten neuen Hochaltars, eine Kapelle gibt zum Gedenken an die 28000 Amerikaner und Amerikanerinnen, welche fielen, während sie auf britischem Boden stationiert waren. Charles hat mit dieser Wahl den Seehelden Mountbatten ehren wollen, durch dessen jäher Tod eine Lücke in seinem Leben hinterlassen worden ist, die bisher von niemand hat ausgefüllt werden können.

Der Prince of Wales, man sieht das oft nicht hinter dem Sportler, dem Charmeur mit dem schauspielerischen Talent, dem volkstümlichen Repräsentanten der Krone, ist sehr wohl auch ein Soldat, und wenn er in Uniform die beste Figur macht, dann nicht nur, weil ihm der »bunte Rock« steht, sondern weil er, was sich in diesem ausdrückt, auch wirklich verkörpert.

Daß eine Enkelin von Mountbatten zu den – mit ihren

Blumenkränzchen allerliebst aussehenden – kleinen Brautjungfern zählte, kommt nicht von ungefähr. Wie auch nicht von ungefähr kommt, daß Charles und Diana die Brautnacht auf Schloß Broadlands verbrachten, dem Besitz Lord Mountbattens, der heute von Norton Knatchbull, einem Filmproduzenten und Enkel des Lords, verwaltet wird. Und schon gar nicht von ungefähr ist gekommen, daß es Mountbatten-Rosen waren, die Dianas Brautbukett schmückten.

St. Paul's. Kupferstiche aus der Mitte des 17. Jahrhunderts zeigen oberhalb einer belebten Schiffsl ände mit Kranen, Stapelhäusern, Märkten eine Kathedrale von der beherrschenden Mächtigkeit des Kölner Doms, das Portal im Querschiff der Themse zugekehrt; damals gab es ja noch einen Kanal – »Queen's Byth«, etwa im Zuge der heutigen Goodliman Street – und eine Freitreppe, bis zu Elizabeths I. Zeiten von den Königen benutzt, wenn sie von dem eine Meile flußabwärts gelegenen Tower zur Kirche kamen.

»Old St. Paul's«, als das es bekannt ist, über 180 Meter lang – kleiner nur als die Kathedralen von Mailand und Sevilla – und mit einem Turm von 150 Metern Höhe, fiel, zusammen mit dem Stadtkern Londons aus der Zeit der Stuarts, dem verheerenden großen Brand von 1666 zum Opfer und war nicht wieder aufzubauen, als während der Aufräumungsarbeiten auch noch die letzte tragende Säule in sich zusammenkrachte.

Die Geschichte der Kirchen auf diesem Platze – Ludgate Hill – reicht rund 1380 Jahre zurück bis ins Jahr 604, als hier, im Zusammenhang mit der Einsetzung von Mellitus als dem Bischof der Östlichen Angelsachsen, ein hölzernes Gotteshaus errichtet wurde. Von Feuer vernichtet, wurde es von dem später heiliggesprochenen Bischof Erkenwald durch eines aus Stein ersetzt, das dann bei einem Überfall im 9. Jahrhundert die Wikinger zerstörten. Die wiederaufgebaute Kirche brannte 1087 abermals ab, und dazumal, protegiert von König Wilhelm dem Roten, dem Erben Wilhelms des Eroberers aus der Normandie, der im gleichen Jahr auf Großbritanniens Thron gekommen war, wurde der Grundstein gelegt zu der großen Kathedrale, die mit Bischofspalast, Abtei und Bibelschule innerhalb von Mauern lag, welche landein Paternoster Row und zum Fluß hin Carter Lane miteinschlossen und sechs Tore besaßen.

Noch während des Baues brannte der Chor ab, wurde wiederaufgebaut – und erwies sich als zu klein, weil inzwischen Pilgerfahrten zu den Gebeinen des heiligen Erkenwald, die sich als wunderwirksam erwiesen, eingesetzt hatten. Einer Vergrößerung ostwärts hätte die Kirche des Kirchsprengels St. Faith im Wege gestanden, und so riß man mit dem alten, zu klein gewordenen Chor auch sie ab und überließ den Gläubigen von St. Faith auf ewig jenen Teil der darum auch so riesig geratenen Krypta als ihr eigenes Gotteshaus, der unter dem Boden lag, auf dem ihre eigene Kirche gestanden hatte.

St. Paul's, 1314 endlich fertig und nun nicht mehr normannisch-romanisch, sondern gotisch, sah die Prozesse gegen Londons Hexen – und das nahegelegene Smithfield deren Verbrennungen mit dem Scheiterhaufen –, sah die Proklamation Karls V., der ein angeheirateter Neffe von Heinrich VIII. war, zum deutsch-römischen Kaiser, sah, nachdem die Kirche durch Niederreißen des Hochaltars und Wegnahme ihrer Schätze anglikanisch »reformiert« worden war, den großen Dankgottesdienst, mit dem Elizabeth I. am Sonntag, dem 27. November 1588, für den Sieg ihrer »sea dogs« Drake, Hawkins und Howard über Spaniens unbesiegbare Armada dankte. Es war damals, als St. Paul's zur Garnisonkirche avancierte – ihre Gesimse und Fialen behängt mit den Flaggen der gekaperten Galeonen. Und damals auch schon war die Kathedrale Mittelpunkt eines Aufwandes, der dem jetzigen gleichkam – Gardisten, Bannerträger, Fanfarenbläser, die Queen in einer von vier weißen Pferden gezogenen goldenen Kutsche »wie ein Thron«.

Die Reformation, die die Kirche in England nicht nur ihrer Pfründe, sondern auch jeglicher Vorrechte entkleidete, ließ auch die Bannmeile um die Kathedrale nicht mehr gelten. Durch das sprunghafte Anwachsen der Bevölkerung aus allen Nähten platzend, drängte die Stadt bis an ihre Mauern mit Wohnhäusern, Läden, Handwerksstuben. Die alte Gepflogenheit, das Mittelschiff bei schlechtem Wetter als Wandelhalle zu benutzen – »Paul's Walk« –, wuchs sich rasch dazu aus, die Geschäfte, die man bisher nur besprochen hatte, auch gleich abzuwickeln. Abgedrängt in die Seitenkapellen hatten die Gläubigen ihre Gebete beim Schreien der Händler und Wiehern der Rösser zu verrichten.

Anders wurde es erst, als Jakob I., der König von Schottland, als Nachfolger Elizabeths auch auf den englischen Thron kam. Inzwischen hatte wieder einmal ein Feuer in St. Paul's gewütet, verursacht durch einen Blitzeinschlag, und Jakob I. setzte eine Kommission ein, die Restaurierung voranzutreiben. Inigo Jones, von Haus aus ein Bühnengestalter, der sich in Italien gebildet und von dort Palladios klassizistischen Stil nach England importiert hatte, 1615 zum königlichen Generalbauinspektor ernannt, ließ die Gebäude, die sich an die Kathedrale anlehnten, kurzerhand wieder abbrechen. Aber der Bürgerkrieg machte alles noch schlimmer. Die Parlamentstruppen funktionierten die Paulskirche in eine Kavalleriekaserne um, verheizten ihr Gestühl, machten die Baugerüste zu Geld. Als die Monarchie wieder installiert war, war eine Kirchenbaukommission nötiger denn je.

Diesmal war der große Christopher Wren der führende Kopf. Seine Idee von einer »noblen Kuppel« an Stelle des ausgebrannten Turmstumpfs kam nicht zur Ausführung; niemand kann sagen, ob sie überhaupt zum gotischen Chor gepaßt hätte – denn bevor sie in Angriff genommen werden konnte, brannte Old St. Paul's bis auf die Grundmauern ab.

Wren lieferte drei Modelle, deren letztes – als »Warrant Design« bekannt und, sechs Meter groß, in der Schatzkammer zu besichtigen – schließlich nur darum verwirklicht wurde, weil der König gewitzt den Querelen zwischen Baukommission und Architekt das Wasser abgrub, indem er in seiner Genehmigung »gewisse Variationen bei der Ausführung« erlaubte. Am 21. Juni 1675 wurde der Grundstein gelegt, 1708, zweiundvierzig Jahre nach dem großen Brand, fügte Wrens Sohn dem Türmchen, das die 110 Meter hohe bleigedeckte Holzkuppel krönt, den letzten Stein ein. Wren, zum Sir geadelt, starb 15 Jahre später mit einundneunzig. Sein Grabmal in der Krypta der Kathedrale ist absichtlich schlicht gehalten, die lateinische Wandtafel besagend: »Suchst du sein Monument, so schau nur umher.«

Händel hat hier die Orgel gespielt, Elizabeth I. sich hier mit den Predigern angelegt, sie sollten sich gefälligst an die Bibeltexte halten, und dies ist auch das einzige Gotteshaus Englands, wo tagaus, tagein Messe gehalten wird. Doch eine königliche Hochzeit hat es bisher erst einmal gegeben. Auch damals war es ein Thronfolger, ein Prince of Wales, welcher heiratete – Prinz Arthur, der Erbe Heinrichs VII., 1501 die schöne sechzehnjährige Katharina von Aragonien. Aber schon ein halbes Jahr später war sie Witwe, und als sie dann später unseligerweise den Schwager zum Gatten nahm, Heinrich VIII., da geschah es in aller Stille in dessen Palast.

Auch diesmal Händel – Sopran, Trompete, große Chöre, ein »Jahrhundertkonzert«, wie Prinz Charles es wollte, während Diana und er und die Brautzeugen zehn Minuten lang in einer Seitenkapelle die Heiratsurkunden unterzeichneten, in doppelter Ausfertigung, und was die, die in den Archiven der Kathedrale verbleibt, betrifft, für eine Gebühr von umgerechnet zwanzig Mark.

Unverhüllten Gesichts und strahlend kam Diana, nunmehr »Königliche Hoheit«, Prinzessin und Fürstin von Wales, während die Trompeter des Waliser Leibregiments die Fanfaren schmettern ließen, wieder zum Vorschein. Schmal sah sie aus, seltsam fremd – und blieb's auch dann, als ihr Gesicht wieder Röte annahm, nicht zuletzt, weil sich der Schleier, als man Punkt 13.10 Uhr die offene Kutsche zur Rückfahrt bestieg, nicht unterbringen lassen wollte, zart und lieblich nach wie vor, aber doch auch anders.

Knapp drei Stunden waren vergangen, seit sie aufgebrochen war, eine Stunde und achtunddreißig Minuten seit Charles' dröhnendem: »I will.« Hineingegangen war sie als Mädchen – herausgekommen als Frau.

»Kaiserwetter herrschte, als der Hochzeitszug sich durch London bewegte.

Hohe Hochzeitsgäste hautnah erleben konnten Millionen von Zuschauern.

Dianas Spitzentüchlein stammte aus dem Brautschatz der Königinmutter.

Entschleiert und strahlend vor Glück verließ Diana die St. Paul's Kathedrale.

Liebreiz, der auch Prinz Charles bezaubert hat – Diana nach der Trauung.

Die Queen und Earl Spencer, der Vater der Braut, fuhren zusammen im Zug. (Alle aktuellen Farbfotos von Syndication International Ltd.)

Der Glanz einer tausendjährigen Monarchie umhüllte ein Glück zu zweit.

Nach dem Hochzeitsempfang: das Paar auf dem Palastbalkon.

Worauf die Menge gewartet hatte: Charles und Dianas öffentlicher Kuß.

II.
Schwierige Wochen

Als Prinz Charles und Lady Diana vor den Traualtar traten, lag die größte Aufregung hinter ihnen. Was für das Paar den größten Tag im Leben darstellte, ist vom Organisatorischen her nur Routine. Der Lord Chamberlain, Vorsteher des Haushalts Ihrer Majestät der Königin, und sein Mitarbeiterstab sind der Welt größte Experten im Arrangieren von Zeremonien, und eine königliche Hochzeit ist nur eine ihrer Aufgaben und eine ungleich leichtere als etwa eine Krönung, wenn das Erscheinen von Königen, mit Thron wie auch ohne, und Staatsoberhäuptern intimste Kenntnisse in Genealogie und Historie und diplomatisches Fingerspitzengefühl verlangt. Damit verglichen war die Lösung einer Frage wie der, wo die Mutter der Braut unterzubringen sei und wo deren Stiefmutter, beide geschieden und wiederverheiratet, nur ein Kinderspiel.

Auch die Zusammenarbeit zwischen Armee, Polizei und Innenministerium, den kirchlichen Stellen und denen des Hofs folgt generalstabsmäßig erarbeiteten Plänen, welche laufend den Gegebenheiten angepaßt werden, vor allem im Hinblick auf die ständig verfeinerte Technik von Rundfunk und Fernsehen. Die Welt will nun mal Zeuge sein, wenn zwei Königskinder die Ringe tauschen. Als Prinz Charles' Schwester Anne den Hauptmann der 1. Queen's Gardedragoner Mark Phillips heiratete, am 14. November 1973, da schauten 25 Millionen in England und um die 550 Millionen in aller Welt am Fernseher zu – bis zu Charles' eigener Hochzeit jetzt der unangefochtene Rekord.

Dabei ist es noch gar nicht so lange her, daß die Kirche von sich wies, auch nur einen einzigen Rundfunkreporter Zeuge werden zu lassen – bei der Hochzeit von Königinmutter Elizabeth mit Herzog Albert von York, der später als König Georg VI. den Thron besteigen sollte, im April 1923.

Tatsächlich dürften die BBC und die koordinierten Fernsehgesellschaften die Hauptlast bei den Hochzeitsvorbereitungen getragen haben, hatte doch Prinz Charles überraschend die Paulskirche statt Westminster Abbey als Rahmen der Trauung gewählt. In der Abtei an der Themse kannte man inzwischen die Akustik und jede Säule, durch die sie beeinträchtigt wurde, kannte man die bestgeeigneten Plätze für Mikrophone, Kameras und Scheinwerfer, gestützt auf eine schon traditionelle Platzordnung. Nun aber mußte alles in unzähligen Proben neu erarbeitet werden – in einem Kirchenraum, mit dem dessen Erbauer die Ausmaße der Peterskirche in Rom zu übertreffen versucht hatte. Westminster Abbey, obwohl auch ein gotischer Dom, ist gegen St. Paul's Cathedral geradezu intim.

Wenn es Pannen gegeben hat vor und hinter den Kulissen, so sind sie entschuldigt. Es ist unmöglich, unter einer 32 Meter breiten Kuppel auf Anhieb radiotechnisch perfekt zu arbeiten. Und Pannen wird es – aller Organisation und dem Bemühen der dafür Zuständigen zum Trotz – auch im Hochzeitshause gegeben haben. Sehr zur Freude der Engländer, aber auch der des Königshauses.

Hof und Presse in England, auch wenn es hin und wieder nach dem ganzen Gegenteil aussehen mag, harmonieren ja geradezu partnerschaftlich miteinander. Vor allem die Königin weiß, was Publicity wert ist, und würde nie einen Staatsbesuch antreten, ohne die Journalisten, speziell die Fotografen, eingeplant zu haben und die Zeit, die für deren Arbeit notwendig ist. Und gerade die kleinen menschlichen Schwächen und Unzulänglichkeiten sind es – plus der Bereitwilligkeit, sie zuzugeben –, welche die Monarchie in Großbritannien so populär machen. Das »Image« der Queen, pünktlich, korrekt, fleißig und bis zum Geiz sparsam, aber auch sehr mütterlich zu sein, ist eine Folge der »guten Presse«, die sie hat.

Als die Queen 1947 heiratete, damals noch Prinzessin Elizabeth, zerbrach beim Aufprobieren die Brautkrone, eine das schmale, feine Gesicht und das dunkle Haar aufs reizvollste zur Geltung bringende Schöpfung aus Diamanten, die in 36 aufrecht stehenden Stäben gefaßt waren, und mußte zum Reparieren gebracht werden – während überall in London schon die Läden zumachten und die Menschen in den Straßen Aufstellung nahmen, durch welche sich der Hochzeitszug bewegen sollte.

Es wurde, man weiß es, geschafft. Aber dann waren es die zu der doppelreihigen Perlenkette gehörenden Ohrclips, welche Ärger machten. Man hatte sie irrtümlich schon zu den Hochzeitsgeschenken getan, die überlicherweise sechs Wochen lang im St. James's Palast ausgestellt werden (gegen ein Eintrittsgeld von 25 Pence, woraus sich aber enorme Summen ergeben, die dann Wohlfahrtsverbänden zugute kommen). So mußte ein Privatsekretär loshetzen, zu Fuß, denn anders wäre er nicht mehr durch die Menschenmassen gekommen. Die Kostbarkeiten stopfte er dann einfach in die Hosentasche, um nicht noch Taschendiebe aufmerksam zu machen, wie sie bei solchen Gelegenheiten von überall her zusammenströmen.

Auch dies wurde geschafft – und die Braut wieder um einiges hübscher. Nun wollte sie ihr Bukett aus Myrte und weißen Orchideen haben, und es war auch höchste Zeit, denn unter den Palastfenstern waren schon die Kommandos zu hören, die die Offiziere und die hundertzwanzig Gardisten, die dem Hochzeitszuge vorausreiten sollten, in Bewegung setzten – und das Bukett war weg. Ein Zeuge hat sich später geäußert, daß man »nunmehr nahe an einer Panik« gewesen wäre und um so mehr, als das Hufgetrappel sich hörbar ordnete. Im letzten Moment erst hastete ein Diener herbei, der die Blumen, um sie frisch zu halten, an einen kühlen Platz hatte tun sollen – doch war er danach mit einem neuen Auftrag losgeschickt worden, und so wußte kein Mensch, an welchen.

Es hat andere Pannen gegeben, bei anderen Gelegenheiten und auch in der Kirche selber. Eine ist in England unvergessen, weil sie der Anlaß für eine persönliche Animosität gewesen ist, welche dazu beigetragen haben mag, daß es zum Ersten Weltkrieg kam. Das war 1863, als Queen Victorias Ältester 22jährig die drei Jahre jüngere dänische Königstochter Alexandra heiratete, damals noch unter striktem Ausschluß der Öffentlichkeit in Windsor Castle.

Unter den Gästen waren auch Victorias Tochter Victoria Adelaide und deren Mann, der deutsche Kronprinz Friedrich Wilhelm, der ein Vierteljahrhundert später, schon sterbenskrank, als Friedrich III. für neunundneunzig Tage Kaiser werden sollte, und sie hatten ihren Sohn mitgebracht, den gerade vier Jahre alt gewordenen Wilhelm.

Man hatte ihn hübsch als Schotten herausgeputzt mit Kilt und Dachsfelltasche, karierten Kniestrümpfen und in einem von ihnen den obligaten Dolch – extra für den Kleinen angefertigt –, und gerade als es feierlich werden sollte, fing er an, damit zu spielen und kriegte auch tatsächlich den aufgeklebten Edelstein ab.

Seine Onkel Alfred und Leopold, jüngere Brüder des Bräutigams, mußten eingreifen und schließlich energisch werden, als der Wicht mit dem Schmuckstein nach dem Brautpaar zu werfen versuchte, woraufhin er sie, den einen wie den anderen, kräftig ins Bein biß. Die Sache gipfelte in einem regelrechten Ringkampf, um den Störenfried zur Räson zu bringen – und darin, daß der Königssohn, ohnedies verbittert, weil er sechzig Jahre alt werden mußte, ehe er auf den Thron kam, gegen seinen Neffen, der schon 1888 Kaiser wurde, eine abgrundtiefe, durch keinerlei Diplomatie zu überbrückende Abneigung kultivierte. Er hielt ihn für das Gegenteil eines Gentleman: laut, vulgär und besserwisserisch.

Ernst zu nehmende Historiker wollen festgestellt haben, daß Eduards VII. Bemühungen um eine Entente mit Frankreich in jenem Vorfall in der Schloßkapelle ihre eigentlichen Wurzeln gehabt habe. Mit anderen Worten: Die Weltgeschichte wäre möglicherweise anders verlaufen, wenn man nicht damals einen kleinen Jungen als »Highlander« kostümiert hätte.

Doch was das anbetrifft, so gibt es andere, schwergewichtigere – und auch so gemeinte – Dinge, die auf den Weltenlauf Einfluß nehmen können, und, wie von den Urhebern sehr wohl kalkuliert, gerade auch bei einer königlichen Hochzeit.

Bei Elizabeth II. war es der Brauch, nach dem die Anglikanische Kirche die Trauung vollzieht, den man zum Vorwand nahm für die Streitigkeiten, welche nach außen hin nur als typisch englische »quarrels« erscheinen mochte, hinter denen sich jedoch hochpolitische, brisante Absichten verbargen. Sollte die Braut das übliche Gelübde des Gehorsams ablegen?

Die Führerinnen der Frauenbewegung, die ja von jeher in England eine besondere war und militant mit Hungerstreiks und Störungen öffentlicher Veranstaltungen um die Gleichberechtigung der Frau kämpfte, machten daraus eine Frage der Ethik. Die Prinzessin wurde beschworen, sie solle »Englands Jugend ein Beispiel fraulichen Stolzes geben«. Politiker wiederum, die das Gehorsamsversprechen untersuchten, kamen zu dem Schluß, daß es platterdings unsinnig sei, wenn sich eine künftige Königin ihrem Manne zu »Gehorsam« verpflichte, der doch auch ihr Untertan sei.

In Wirklichkeit ging es um etwas ganz anderes. Der Krieg war eben erst vorbei, die Lebensmittelrationierung eher noch schärfer als vorher, weil Hunderttausende von Soldaten, vom Militär entlassen, nun noch miternährt werden mußten, und wenn es auch nicht englische Eigenart ist, nachtragend zu sein, so konnte man doch nicht umhin, zur Kenntnis zu nehmen, daß der Mann, um den es ging, durch und durch Deutscher war.

Sieben der acht Urgroßeltern von Philip Mountbatten waren rein deutscher Herkunft, und der achte, Urgroßvater Konstantin, ein russischer Großfürst, letztlich wieder eines deutschen Fürstenhauses Sprößling. Doch schlimmer: Philip hatte – durch seine jüngste Schwester Sofie, die sich mit einem Prinzen Christoph von Hessen verheiratete – einen Schwager, der zum Stabe Himmlers gehörte.

Schon die Verlobung hatte diese Zusammenhänge ans

Licht zerren lassen. Jetzt bei der Hochzeit erinnerte man sich daran – oder wurde erinnert durch Leute, die eine günstige Gelegenheit sahen, ihr eigenes politisches Süppchen zu kochen –, daß auch Queen Victorias Prinzgemahl Albert, Herzogssohn von Sachsen-Coburg-Gotha, starke politische Interessen hatte; bei Beginn des Krimkrieges war es seinetwegen sogar zu einer Kabinettskrise und zu Unruhen gekommen. Ein Deutscher neben einer Königin Elizabeth, welcher womöglich politisch ambitioniert und dem diese dann zu Gehorsam verpflichtet war, das war allerdings unerträglich.

Damals blieb es beim Althergebrachten. Bei einer Trauung wie jeder anderen in der Church of England, die von Brautleuten Antwort auf die Frage verlangt, ob eins das andre zum Gatten nehmen, ob der Mann die Frau in Ehren halten, diese ihm gehorchen wolle, und beide sagten ja, und wenn es bei der Prinzessin ein kaum vernehmbares Ja war, dann gewiß nicht wegen irgendwelcher politischer Bedenken.

Noch heute wird in Publikationen, und sei es auch nur in einer Bildunterschrift zum Hochzeitsfoto, der Hinweis nicht unterdrückt, daß die Queen vor dem Traualtar fraulichen Gehorsam versprochen habe, doch mehr, um daran zu erinnern, wie gut sie daran tat. Damit wurde nämlich dargetan, daß die Kirche höher steht als die Politik – und daß die britische Krone, die ja auch Oberhaupt der Kirche ist, nicht leichtfertig aufs Spiel zu setzen gewillt ist, was sich durch die Jahrhunderte bewährt hat.

Erneut Querelen, als der Hof im Mai 1973 Prinzessin Annes Verlobung bekanntgab, war sie doch Sproß einer neuen Dynastie. Wie durch Queen Victorias Ehe mit Prinz Albert das Haus Sachsen-Coburg-Gotha, das sich im Ersten Weltkrieg in Windsor umbenannte, begründet worden war, so durch Elizabeths Heirat mit Philip im strengen genealogischen Sinne das – auch in Dänemark regierende – Haus Schleswig-Holstein-Sonderburg-Glücksburg.

Wie also lautete der Mädchenname, den Anne für den

neuen Namen Phillips aufzugeben hatte? Denn genau denselben Namen würde dann ja auch ihr Bruder, der Thronfolger, führen müssen. Und falls es ein deutscher Name wäre, so bedeutete das eine neue »deutsche« Dynastie auf dem britischen Thron.

Eine Fotokopie der Trauungsurkunde setzte den Spekulationen ein Ende. Sie zeigte den Zunamen »Mountbatten-Windsor« – und den Schriftzug »Elizabeth R« gleich zweimal, einmal für die Mutter der Braut und einmal für Ihre Majestät, welche der Ehe gemäß Royal Marriages Act von 1772 die allerhöchste Erlaubnis erteilt hatte.

Übrigens eine Unterschrift, die starke Ähnlichkeit mit der der vor vierhundert Jahren lebenden ersten Königin Elizabeth aufweist sowie, beim E und beim Z, eine auffällige Linksläufigkeit, wie sie von Schriftsachverständigen als Zurückwendung auf das eigene Ich gewertet wird.

Auch Charles, wie konnte es anders sein, hatte seinen vorhochzeitlichen Ärger. Wieder meldeten sich die Frauenrechtlerinnen und wieder zum Thema fraulicher Gehorsam. Nur daß sie diesmal hervorgekramt hatten, was von ihm kurz vor seinem 27. Geburtstag in seiner üblichen Freimut über Frauen im allgemeinen und über diejenige, die einmal neben ihm Königin werden sollte, im besonderen geäußert worden war. »Ich würde nie eine von diesen emanzipierten Frauen heiraten! Allesamt Närrinnen, die alle anderen bekehren und selber gern wie Männer sein wollen. Aber es gibt nun mal Dinge, die sie uns nicht nachmachen können – schlicht darum, weil sie anders gebaut sind.«

Die Anwürfe, sich als »Superman« aufgeführt zu haben, zeitigten keine Folgen. Schon damals, im Spätherbst 1975, waren es gerade die jungen Engländerinnen gewesen, die Prinz Charles durch eine Flut von Briefen zu verstehen gegeben hatten, ihnen aus der Seele gesprochen zu haben.

Daß der schottische Labour-Abgeordnete Willie Hamilton sich wieder einmal mit der Frage zu Wort meldete, was der Kronprinz denn eigentlich tue, feinsinnig hinzufügend, daß es ja wohl dem Charakter eines Menschen abträglich sein müsse, wenn er nichts weiter mache als warten, wurde als die Pflichtübung eines Mannes abgehakt, der sich zum Kritiker der Monarchie berufen fühlt. Der Hof ignorierte die Anwürfe, das Volk hatte dafür Verständnis.

Ebenso als eine Pflichtübung im Hinblick auf die Radikalen unter ihren Wählern wurde verstanden, als der Londoner Stadtrat Ken Livingstone für sich und seine Kollegen von der Labour Party wissen ließ, die Einladung in die Paulskirche zurückschicken zu wollen. Lakonischer Kommentar des Hofes: »Dies ist alleinige Sache der Stadträte, und wenn sie die Karten nicht haben wollen, dann gibt es genug, die nur darauf warten.«

Geplänkel. Nicht wert – und auch nicht gedacht –, daß man es sich groß zu Herzen nimmt. Ebenso wie für Taschendiebe ist eine königliche Hochzeit auch das gefundene Fressen für Politiker, die sich profilieren wollen. Und darunter fällt sogar auch das Attentat, das mit einer Briefbombe (Scotland Yard: »Eine Batterie und verschiedene Drähte, dazu Sprengstoff und Glassplitter in einem Kuvert«) auf Charles beabsichtigt war, wiewohl der heimtückische Mord an Earl Louis Mountbatten, Charles' vergöttertem Großonkel »Dickie«, dem die IRA eine Bombe an Bord seines Fischerbootes schmuggelte, als er im Sommer 1979 mit der Familie in Irland Urlaub machte, zeigt, daß auch das Königshaus vor dem Fanatismus von Terroristen nicht mehr sicher ist.

Was wirklich Sorgen bereitete, überaus ernste sogar, das war die Sache mit Charles' Telefongesprächen mit Lady Diana, die abgehört und auf Tonband mitgeschnitten wurden, als der Thronfolger im April Australien bereiste. Der Hof ließ durch seinen Pressesprecher wissen, daß gerichtliche Schritte gegen eine beabsichtigte Veröffentlichung in Erwägung gezogen würden. »Eine solche Veröffentlichung wäre nicht nur schlechter Journalismus, sondern könnte auch der königlichen Familie großen Schaden zufügen!«

Es gehört in diesen Zusammenhang, wenn die Queen ihre gewohnte Zurückhaltung aufgegeben und auf den Brief der

Mutter eines der Opfer des als »Yorkshire Ripper« vor Gericht gestellten Massenmörders Sutcliffe geantwortet hat, in dem diese gegen den sogenannten »Scheckbuch-Journalismus« zu Felde zog, der Verbrecherkarrieren gegen horrende Honorare zu Lesestoff verarbeitet.

Zwar ist dieser Antwortbrief nicht von Elizabeth II., sondern von einem ihrer Privatsekretäre unterzeichnet, welcher sich denn auch der herkömmlichen Eingangsformel bedient: »Auf Order der Königin bestätige ich Ihren Brief . . .«, um diese dann jedoch wörtlich zu zitieren, nämlich mit der Bemerkung, daß sie, die Queen, gegenüber solcherlei Journalismus »distaste« empfinde, also Widerwillen, Abscheu, Ekel.

Die Presse Englands hat, was die Telefongespräche anbelangt, den Tadel beherzigt. Nach dem, was in Deutschland – entgegen der Warnung des Deutschen Presserates und einer von der Britischen Botschaft erwirkten einstweiligen Verfügung – publiziert worden ist, nichts als unverbindliches Geplauder zweier Verliebter.

Doch die Bestürzung des Hofes über die Abhöraffäre ist keineswegs übertrieben. Es geht um Charles' Zukunft, auch um die Zukunft eines Mitglieds des britischen Commonwealth, in dem Elizabeth II. immer noch Königin und die Krone das Staatsoberhaupt ist. Es geht um hohe Politik.

Der Thronfolger hatte Australien ja hauptsächlich darum besucht, um darzutun, daß er für das Amt des General-Gouverneurs in Frage kommt. Dafür hat Charles Hände geschüttelt, bis sich seine Finger entzündeten, dafür auf sich genommen, daß ihn Antimonarchisten bespuckten und als »Parasiten« beschimpften, dafür, zum Entsetzen seiner Leibwächter, beachtlichen Mut bewiesen, indem er es riskierte, achtzig Meter lang mitten durch die aufgebrachten Demonstranten zu marschieren.

Nachdem Australiens Premierminister Malcolm Frazer die Idee »großartig« genannt hatte, war der Lauschangriff eine der letzten Chancen ihrer Gegner. Der Beamte, der das Postgeheimnis verletzte und Charles' Telefon anzapfte, hat sich denn auch als einer jener Republikaner entpuppt, deren Ziel es ist, Australien gänzlich aus der britischen Völkergemeinschaft herauszulösen. Unter der Hand wurde verbreitet, daß sich der künftige König in den Telefonaten abfällig über die Australier und insbesondere auch über Frazer geäußert habe, und sowohl Charles wie auch Diana haben sich beeilt, deren Abschrift zu prüfen. Eine Fälschung, wie sie sagen.

Die Sache ist noch nicht ausgestanden – auch wenn es nun gerade in Australien ist, wo die Damen zum Friseur rennen, um Lady Dianas Windstoßfrisur kopieren zu lassen.

III.
Tochter aus gutem Hause

Die See war rauh und die königliche Familie, die mit der Staats-Yacht »Britannia« nach Schottland unterwegs war, ziemlich mitgenommen.

Vor allem Andrew und Edward, der eine neun, der andere fünf, standen kurz davor, von der Seekrankheit gepackt zu werden. So setzte sich Prinz Charles, zwanzig und mit schon einigen Dutzend Flugstunden hinter sich, mit ihnen im Schiffssalon zusammen, um sie auf andere Gedanken zu bringen. Was ihm dazu einfiel und was er mit einem vom Funker ausgeliehenen Kugelschreiber aufs Papier brachte, war ein Märchen, in Lochnagar, nicht weit von Balmoral Castle, spielend und zu einer Zeit, »als die Kinder noch kleiner waren und die Menschen besonders haarige Knie hatten«.

Man kam an, unbeeinträchtigt und munter, bevor die Geschichte zu einem Ende gebracht worden war, doch war sie, wie besonders auch die Königin fand, zu hübsch, um weggeworfen zu werden, und so verschwand sie in der Kommode mit den Erinnerungen an Charles' Kindheit, um erst zehn Jahre später wieder aufzutauchen, zusammen mit Fotografien, Puppenmöbeln und Spielzeug, für eine Ausstellung in Schloß Windsor »Königliche Kinder durch die Jahrhunderte«, der Anfang nur, ganze vier Seiten. Aber es war dann gerade dieses Ausstellungsstück, vor dem die Leute sich scharten, und so meinte Prinz Edward, inzwischen sechzehn geworden, zum Autor: »Warum bringst du die Sache nicht als Buch heraus?«, mit einem Grinsen hinzufügend: »Es könnt' dich vielleicht berühmt machen . . .«

So geschah es. Charles schrieb den Rest, Sir Hugh Casson, einer der berühmtesten englischen Maler und ein Freund der königlichen Familie, tuschte Illustrationen, und im

Herbst 1980 kam das Märchen heraus, ein Bestseller, der Prinz Charles schon umgerechnet eine Viertelmillion Mark eingebracht hat, die er dem Kinderhilfswerk zur Verfügung stellte.

Einige Exemplare, von ihm handsigniert, wurden an Freunde gegeben, vor allem solche aus der Kindheit, die sich hineinversetzen können in die geheimnisvolle Stimmung in den Mooren und Bergen um Balmoral Castle, darunter eine junge Dame namens Diana Spencer.

Die Königsfamilie und die Spencers sind Nachbarn in der Grafschaft Norfolk an Englands Nordseeküste, das Sandringham Hall der einen und Park House der anderen sind nur durch ein Feldsteinmäuerchen voneinander getrennt. Die Kinder spielten hüben wie drüben, meist aber drüben, weil der gräfliche Swimmingpool gegenüber dem königlichen den Vorteil hatte, beheizt zu sein.

Doch stimmt es nicht, daß Diana von Charles das Schwimmen beigebracht bekommen hätte. Fast dreizehn Jahre älter, ein Student und Soldat, bereits im harten Training als Thronfolger, war er kein Spielgefährte mehr für kleine Mädchen, und wenn sich Diana an ihn erinnert, dann an den »irgendwie rätselhaften Prinzen Charles«.

Tatsächlich gehören die Spencerkinder praktisch zur königlichen Familie. Als Dianas Bruder Charles zur Welt kam, in demselben Jahr 1964 wie Prinz Edward – der heißersehnte Erbe, nachdem ein anderer männlicher Nachkomme früh gestorben war –, wurde die Queen Patin, und wie auch für die Geschwister ist sie für Diana immer »Tante Lilibet« gewesen.

Kein Wunder also, daß Lady Diana, als sie jetzt von Reportern bestürmt wurde, gar nicht verstand, worum es ging, als eine der Fragen lautete: »Wenn Sie in einen Raum träten und fänden sich unverhofft der Königin und dem Prinzgemahl gegenüber, Prinz Charles und der Königinmutter – wären Sie dann nervös?« Das verständnislose Kopfschütteln war nicht gespielt: »Aber nein doch. Warum sollt' ich?«

Vor allem für Königinmutter Elizabeth waren die Kinder Earl Spencers eine »angemessene und interessante« Gesellschaft für ihre Enkel. Sie schätzt die Familie, hat beim einen oder anderen Anlaß jemand von Dianas Großeltern in ihre Umgebung geholt, und deren Großmutter mütterlicherseits, Lady Ruth Fermoy, ist heute noch Hofdame in Clarence House.

Dianas Vater Edward John, der 8. Earl Spencer, war Stallmeister Georgs VI. von 1950 bis zu dessen Tode. Er blieb in diesem Amt, das längst nichts mehr mit Pferden zu tun hat, sondern einen führenden Rang unter den Hofbeamten bezeichnet, als Elizabeth II. ihrem Vater nachfolgte. Als er 1954 in Westminster Abbey heiratete, da waren die Königin, in malvenfarbenem Seidenkleid und Nerzstola, Prinz Philip und die Königinmutter unter den 1700 Gästen.

In Lady Dianas Stammbaum, der seine Wurzeln in normannischem Blut hat, gibt es die verschiedensten Verzweigungen zur königlichen Familie, und durch ihren gemeinsamen Vorfahren Heinrich VII., der von 1485 bis 1509 regierte, sind sie und Charles sogar verwandt – wie die Genealogen ausgerechnet haben: Cousin und Cousine 16. Grades.

Damals waren die Bindungen zur Krone allerdings mehr finanzieller Art. Die Spencers waren reich durch die riesigen Schafherden, die sie an den Ufern des Avon in Mittelengland unterhielten, und verstanden sich darauf, sich ihren Königen als Geldverleiher nützlich zu machen. So avancierten sie zu Lords, dann Baronen, schließlich zu Earls of Sunderland, als ein Dankeschön Karls I. für die zehntausend Pfund, mit denen ihm ein Henry Spencer zum Krieg gegen die »Ironsides« Oliver Cromwells rüsten half. Ein Posten, der offengeblieben sein dürfte. Den Earl hat man in der Schlacht bei Newbury erschlagen, den König gefangengenommen und hingerichtet.

Der Sohn jenes Earl, der zweite Sunderland also, wurde Berater gleich dreier Könige in Folge, Karls II., Jacobs II. und Wilhelms III. Was ihn selbst betraf, so war er gut beraten, die Tochter eines anderen Edlen zu heiraten, der gerade im

Begriffe war, sich in der britischen Geschichte zu etablieren – Anna Churchill.

Die Eigenschaften, die Sir John Churchill für eine Karriere mitbrachte, waren Gewinnsucht und Phantasie sowie diplomatisches und militärisches Geschick. Sir John war einer der Männer, die einem amerikanischen Schmuggelkapitän mit Namen William Phips zu einer Fregatte verhalfen, mit der er dann den Schatz der rund fünfzig Jahre zuvor in der Karibik gesunkenen Galeone »Nuestra Señora de la Concepción« hob – allein 16 Tonnen Silber, der erfolgreichste Schatzsucher aller Zeiten! –, und seinen Einsatz mit einem Anteil aus der Beute von über 20 000 Pfund Sterling entgolten erhielt. Er war der Mann, der im spanischen Erbfolgekrieg am 13. August 1704 bei Höchstädt an der Donau zusammen mit Österreichs Prinz Eugen die Franzosen und die mit ihnen verbündeten Bayern schlug. Und schließlich war er auch noch der Mann, der eine so hübsche Schwester hatte, daß Jacob II. sie zu seiner Mätresse machte. Aus Sir John Churchill wurde der 1. Herzog von Marlborough, seine Tochter Anna jene erste Spencer-Churchill, in deren Familie seither der Marlborough-Titel erblich ist.

Auch Karl II. selber – der, welchen der zweite Sunderland beriet – gehört zu Lady Diana Spencers Vorfahren, allerdings nur indirekt. Mit sechzehn Jahren nach Frankreich gekommen, hatte er die leichtlebige Hofhaltung des Sonnenkönigs übernommen und neben seiner offiziellen Gattin noch ein halbes Dutzend Mätressen. Lucy Walters wurde von ihm Mutter einer späteren Mrs. Mary Sarsfield, Barbara Villiers eines Henry Fitzroy 1. Herzog von Grafthon, deren Nachkommen rund 150 Jahre später wieder zusammenfanden – der aus der Churchill-Familie entstammende 4. Earl Frederick Spencer, der auch den Titel eines Viscount Althrop innehatte, und die Dame Adelaide Horatia Seymour. Geld kam zu Geld, Titel zu Titel, Besitz zu Besitz. Man hat allen Grund, den Wahlspruch der Spencer-Familie in Ehren zu halten: »God Defend the Right«, Gott schützt, was recht ist.

Althrop Hall, zurückgehend auf das Jahr 1508, ist das Stammschloß der Familie Spencer; eines der schönsten Schlösser Englands und durch seine Kunstsammlungen eines der sehenswertesten. (ap)

Althrop Hall (übrigens »Altrup« gesprochen), der Stammsitz der Spencers, zurückgehend bis ins Jahr 1508, gilt als eines der schönsten Schlösser Englands. Ein einstöckiger Ziegelbau in 6000 Hektar bestem mittelenglischem Farmland, birgt es Kunstschätze wie Gemälde von Rubens, van Dyck, Gainsborough und Reynold, rund 700 antike Möbel und Sammlungen von Porzellan und Silber, das meiste ein Erbe von Herzogin Sarah, der ebenso kunstsinnigen wie streitsüchtigen Frau des ersten Marlborough.

Dreimal in der Woche, Donnerstag, Samstag und Sonntag, kann das Spencer-Heim besichtigt werden für ein Eintrittsgeld von 1 englischen Pfund pro Person. Lady Dianas Bruder Charles macht den Fremdenführer, in zwei Läden gibt es Wein aus der Schloßkellerei von 3 Pfund aufwärts, Porzellan-, Glas- und Nippsachen als Souvenirs, auch aus der Hand des Schloßbesitzers selber oder seiner Frau. Seit

Dianas Verlobung mit Prinz Charles floriert das Geschäft wie nie. Neuerdings hinzugekommen ist eine touristische Veranstaltung, die durch ein amerikanisches Reiseunternehmen angeboten wird: »Frühstück mit den Eltern von Lady Di« – als Höhepunkt einer siebentägigen Englandreise.

Auf der Insel ist dies kein Grund zum Stirnrunzeln. Der Erhalt eines fast fünfhundertjährigen Palastes, seinem Besitzer überlassen, verschlingt Unsummen, vor allem durch Heizung und Klimatisierung, und es ist noch gar nicht so lange her, daß selbst die Familie von Königinmutter Elizabeth Güter und Liegenschaften, welche seit Jahrhunderten in ihrem Besitz waren, veräußern mußte, um die erdrückenden Steuern zahlen zu können. Auch die Spencers haben fünf kleinere Schlösser aufgeben müssen, und überhaupt hat der 8. Earl, »Johnnie« genannt, ein bulliger, bescheidener Landwirt mit einer besonderen Liebe zu München, etliches Pech gehabt in seinem Leben.

Als er heiratete, war er dreißig, die Braut, Frances Roche, eine Tochter des 4. Baron Fermoy, erst achtzehn, ein Alters-

Dianas Mutter Frances Shand Kydd ist die Tochter von Baron Fermoy. Obwohl sie sich von Earl Spencer scheiden ließ, ist sie für Diana eine gute Mutter geblieben. (ap)

unterschied, der sich so lange nicht bemerkbar machte, wie Lady Frances mit ihren rasch hintereinander kommenden vier Kindern zu tun hatte. Aber 1969 war sie, wie ein Diener sich erinnerte, »von einem Tag zum andern nicht mehr da«.

In einem Scheidungsprozeß zwischen dem Tapeten-Millionär Peter Shand Kydd und seiner Frau Janet wurde sie als die »other woman«, die andere Frau, gerichtsnotorisch, wie bis zur Eherechtsreform in England der Ausdruck für eine im Zusammenhang mit dem Scheidungsgrund genannte Person gelautet hat. Damals noch ein Gesellschaftsskandal, wurde er ausführlich in der Presse breitgetreten, doch schlimmer für die Spencerkinder war, daß sich der Streit um sie ein ganzes Jahr lang hinzog, bis sie schließlich dem Vater zugesprochen wurden.

1976 war es dann der Earl, welcher bei Gelegenheit einer Scheidung in den Gerichtsakten auftauchte. Wieder mit der sehr britischen Feststellung, der Mann zu sein, »gegen den ein Schuldbeweis nicht erbracht worden ist«. Raine, eine Tochter von Englands überkandidelter Schmöker-Autorin Barbara Cartland, zog in Althrop Hall ein, die – damals ebenfalls erst achtzehn – Gerald Legge Earl of Dartmouth geehelicht hatte, Earl Spencers Schulfreund aus Zeiten, als sie zusammen aufs Eton-College gingen.

Nicht so sehr exaltiert wie ihre Mutter, deren wagenradgroße Kopfbedeckungen sprichwörtlich sind, als temperamentvoll, war Raine mit dreiundzwanzig Jahren Grafschaftsrätin von Westminster und engagiert in den verschiedensten Wohlfahrtsinstitutionen. Als sie ins Spencer-Schloß kam, da geschah es wie ein Wirbelwind, der nicht nur überholte Gepflogenheiten verjagte, sondern auch die Töchter des Hauses.

Sie gehen ihr heute noch aus dem Weg, wenn sie auch anerkennen, daß sie es war, welche den Vater, als ihn vor zwei Jahren ein böser Gehirnschlag niederwarf, so aufopfernd gepflegt hat, daß nichts davon zurückgeblieben ist als ein etwas undeutliches Sprechen. Raine brachte den im Koma dahindämmernden Mann von einer Spezialklinik in

Earl Edward Spencer und seine zweite Frau Raine vor den Türmen der Münchner Frauenkirche. Der bayerischen Hauptstadt gilt die besondere Liebe der Eltern Dianas. (amw Pressedienst)

die andere, fütterte und tränkte ihn, saß Tag und Nacht an seinem Bett und spielte ihm auf dem Plattenspieler seine Lieblingsopern vor, bis er – mitten in »Madame Butterfly« – urplötzlich wieder die Augen öffnete.

Dianas Erziehung war die einer höheren Tochter. Mit dreizehn West Heath, Englands Mädchenschule schlechthin, mit siebzehn Videmanette in Rougemont oberhalb des Genfer Sees, wo sie Französisch, Kochen und Skifahren lernte, und wie man dort sagt, »staunenswert gut«. Aber sie machte den Kurs nicht zu Ende. Heimwehkrank fuhr sie wieder nach Hause.

Ihre Lehrer erinnern sich Dianas als eines langbeinigen hübschen Mädchens, anpassungsfähig und zurückhaltend bis zur Schüchternheit, das allseits beliebt war, vor allem bei den Kleinen. Ein früherer Butler der Spencers korrigiert allerding das Bild vom scheuen Reh: »Als ihr mal untersagt wurde, eine Stereoanlage in Althrop zu installieren, da riß sie alle Scheuerleisten von den Wänden und brachte die Drähte so durcheinander, daß sich kein Mensch mehr zurechtfand.«

Ein Ausbruch wie immer wieder mal einer, nicht Jähzorn verratend, sondern Dianas ständige Angst, »süß« genannt zu werden, ein Adjektiv, welches sie jedesmal rebellisch macht: »Ich bin keine Zuckerpuppe! Ich bin ein normales Wesen, und ich liebe es zu leben.«

Earl Spencer kaufte dann für seine des Lernens überdrüssige Tochter eine Eigentumswohnung in der Old Brompton Road im Londoner Stadtteil Kensington, dem Viertel der diplomatischen Vertretungen zwischen Themse und Hyde Park, die Diana mit drei anderen flügge gewordenen jungen Ladys bezog, um fortan das zu tun, wozu sie sich von jeher berufen gefühlt hat – sich um Kinder zu kümmern. Für umgerechnet 860 Mark im Quartal wurde sie in dem von zwei alten Schulkameradinnen aufgezogenen »New-England-Kindergarten« in Pimlico, Süd-London, Hortnerin.

Die Abende verbrachten die »vier Musketiere«, wie sie von sich sagten, vorm Fernseher, im Kino oder bei einer Flasche Riesling in einem benachbarten »Pub«, aufs große Glück wartend nach der Regel: »Keine nimmt den anderen den Freund weg!«

Doch da waren keine Freunde, was Diana betraf, denn die hatte keine Zeit für Flirts. Zweimal in der Woche nahm sie sich nach Feierabend auch noch des zweijährigen behinderten Buben eines amerikanischen Ehepaars an.

Prinz Charles ist geboren, am 14. November 1948. Zum erstenmal stellt er sich den Fotografen zusammen mit seiner Mutter, seinem Großvater Georg VI. und dessen Mutter Queen Mary Fürstin von Teck. (dpa)

IV.
Blaues Licht

Am Abend des 14. November 1948 gingen an Londons Trafalgar Square, wo die Nationalgalerie und das Denkmal des Seehelden Lord Nelson stehen, die Lichter aus, die die Wasserfontänen beleuchteten. Tausende von Menschen hielten den Atem an, um in Jubel und Hochrufe auszubrechen, als sie wieder angingen – und zwar blau. Blau für einen Jungen, blau für den Thronfolger, der um Punkt 21.14 Uhr von Prinzessin Elizabeth dreiundfünfzig Wochen nach ihrer Verheiratung mit Prinz Philip geboren worden war – an einem Sonntag.

Charles Philip Arthur George Mountbatten-Windsor, wie dann die Eintragung ins Geburtenregister lautete, war sechs Pfund und 345 Gramm schwer, ein stilles pausbäckiges Baby mit blondem Flaum auf dem Kopf und himmelblauen Augen, dazu, wie der Mama auffiel, »interessanten Händchen mit langen schmalen Fingern«, das in aus dem Brautschatz stammender weißer Seide in seinen ersten Lebenstag hineinschlief, während überall in der Welt, wo ein britisches Kriegsschiff sich befand, die Matrosen Paradeweiß anlegten und sich daran machten, Salut zu schießen. Und hatten die Briten ein Jahr zuvor noch gemault, warum ihre künftige Königin ausgerechnet einen durch und durch Deutschblütigen zum Gemahl habe nehmen müssen, so intonierten sie nun landauf, landab: »For he's a jolly good fellow« und: »We want Philip.«

Nicht nur als Sonntagskind und Thronfolger war der kleine Charles etwas Besonderes. Er war, wofür man in England immer etwas übrig hat, durch seine Vorfahren der am meisten »schottische« Prinz seit Karl I., der am meisten »englische« seit Heinrich VII. und »walisisch« durch Stammbaumverästelungen, welche zurückgingen bis zu Llewelyn-ap-Gruffydd, den letzten wirklichen Prince of

Wales, nämlich unumschränkten Herrscher über jenes uralte keltische Fürstentum, bis er dann im Kriege gegen Englands Eduard I. fiel, und bis zu Owen Glendower, jenem Fürstensproß, der 1402 den letzten vergeblichen Aufstand der Waliser angeführt hatte.

Ein 1977 erschienenes Buch von Englands großem altem Mann der Genealogie, Gerald Paget, berücksichtigt 262 142 von Charles' Vorfahren – Könige in ganz Europa, aber auch den russischen Zaren Peter den Großen und die römisch-deutschen Kaiser Karl den Großen und Friedrich Barbarossa, Preußens Friedrich den Großen und Preußens Generalfeldmarschall Moltke, den 640 in Mekka geborenen arabischen Feldherrn Musa ibn-Nusair und einen gewissen Mr. John Smith aus Amerika, durch den Charles ein direkter Nachfahr von George Washington, dem ersten Präsidenten der Vereinigten Staaten, ist. Da gibt es Bischöfe und Richter, natürlich jede Menge Soldaten, aber auch einen Fleischer, einen Spielzeugmacher und, im 16. Jahrhundert in Essex, einen Schankwirt, Peter Checke mit Namen, und vor zweihundert

Knapp zwei Jahre nach Charles wird Prinzessin Anne geboren, am 15. August 1950. Seite an Seite in ihrem Kinderwagen spielt Charles den Kavalier. (dpa)

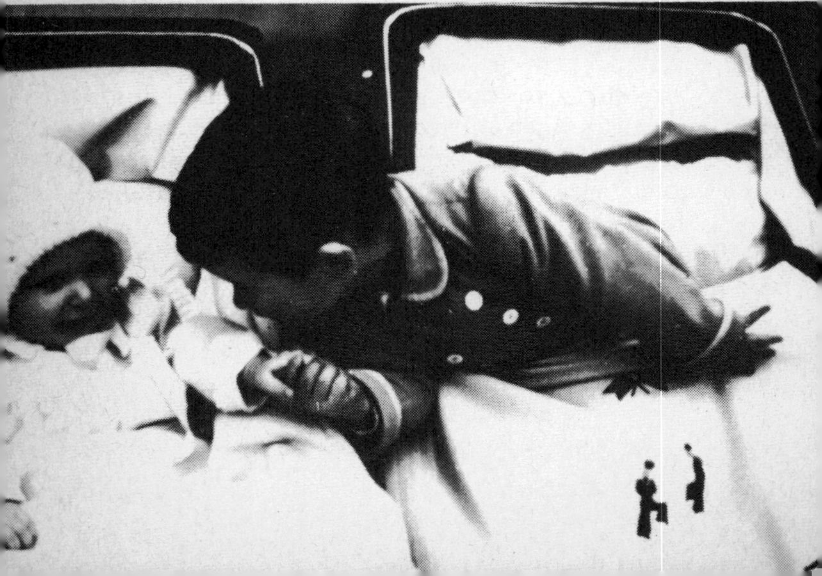

Charles und seine Trompete waren lange unzertrennlich. Später lernte er sie wirklich blasen, sattelte dann aber auf das Cello über, das er heute perfekt beherrscht. (dpa)

Jahren kam dann auch noch ein Klempner in die Familie.

Das hob damit an, daß ein Mister Carpenter aus Redbourn, Grafschaft Hertforshire, einen Mister Walsh aus London kommen ließ, damit er ihm seine Dachrinnen repariere. Walsh, ungewiß, wie er verpflegt werden würde, brachte vorsichtshalber seine Tochter Mary Elizabeth mit, ein blühendes Mädchen von achtzehn, das Carpenter so bezauberte, daß er es, obwohl schon sechzig, zur Frau nahm. Die schöne Tochter, die ihnen geboren wurde, heiratete dann den 11. Earl of Strathmore – und der war der Großvater des Vaters von Königinmutter Elizabeth!

Nach wem immer Charles kommen mochte, nach Vater Philip jedenfalls kam er nicht. Das tat ganz offensichtlich das

Schwesterchen Anne, das am 15. August 1950 geboren wurde, kurz vor Mittag an einem sommerlich heißen Tag, von Anfang an ein Ausbund an Extravertiertheit und Temperament, während er selbst, noch lange engelhaft pausbäkkig bleibend, sich am liebsten zu seiner Mutter hockte, um still in einem Bilderbuch zu blättern oder einfach zuzuhören.

Er malte recht hübsch, blies Trompete – oder tat jedenfalls so – und war gern bereit, seine Autos gegen Puppen einzutauschen, wenn Anne es so wünschte. Mabel Anderson, eines der beiden aus Schottland kommenden Kindermädchen: »Sie drängte ihn nicht gerade beiseite, war aber doch irgendwie stärker.« Und Miß Catherine Peebles, Charles' Erzieherin, von ihm »Mispy« genannt: »Er war furchtbar sensibel. Wenn man nur mal die Stimme hob, zog er sich sofort in sich zurück, und dann war für eine ganze Weile nichts mehr mit ihm anzufangen.«

Spaß machten ihm die Tanzstunden im Reigen mit blaublütigen Jungen und Mädchen, die einmal wöchentlich im Palast zusammenkamen, Spaß auch der Turnunterricht, die Klavier- aber mehr die Reitstunden.

Wenn es ihn immer wieder zu seiner Großmutter zog, die nach dem Tode König Georgs VI. von Buckingham Palace nach Clarence House übergesiedelt war, dann darum, weil er bei ihr in der Küche spielen durfte. Auch im Palast ließ er es sich nicht nehmen, den Gastgeber zu spielen – was dazu ausartete, daß er noch vor dem diensthabenden Diener aufstand, um ihm den Morgen-Tee ans Bett zu bringen. Sein Lieblingsspielzeug war dieses kleine Plastikzeug, welches Cornflakes beigepackt ist, sein ständiger Ärger der, daß immer nur eine Packung davon aufgemacht wurde. Wenige Kinder haben so gern soviel Cornflakes gegessen.

Die Eltern sind in Kenia und mitten im Wildgebiet am Sagana-Fluß, um vor einer nach Ceylon, Australien und Neuseeland geplanten »Royal Tour« ein paar Tage Urlaub zu machen, und Charles und Anne mit den Großeltern auf Schloß Sandringham, als Georg VI. stirbt – nach langer,

Königinmutter Elisabeth ist berühmt für ihre gewagten Hüte, berühmt auch für ihre Liebenswürdigkeit. Charles, hier mit Mutter und Schwester, liebt seine Großmutter. (dpa)

immer wieder zurückgedrängter Krankheit, aber doch unverhofft.

Am 5. Februar 1952 war »Pächtertag«, wie üblich begangen mit einer Treibjagd auf Hasen, von der sich der Squire of Sandringham, der Herr auf Sandringham, wohlgelaunt und anscheinend gesund bis zu einer neuerlichen Jagd am anderen Morgen verabschiedete. Er hatte dann noch bei einem letzten Tee mit den Enkeln gespielt, sich um halb elf über Staatspapiere gesetzt und bis Mitternacht gearbeitet, doch als man ihn wecken wollte, da war er tot, irgendwann am frühen Morgen friedlich eingeschlafen.

Prinzessin Elizabeth war fünfundzwanzig, als sie Königin, Prinz Charles drei, als er Kronprinz wurde. Als Georg VI. dahinging, da hatte der Kleine eine Tränenflut ausgelöst, weil er nicht glauben wollte, daß dies geschehen sei, ohne daß »gran'pa« sich wie sonst verabschiedete. Von nun an gab es eine Elizabeth II., und es gab eine Königliche Hoheit Prinz Charles Duke of Cornwall, Duke of Rothesay, Earl of Carrick und Baron of Renfrew, Lord of the Isles und Great Stewart of Scotland. Prince of Wales war Charles noch nicht; der walisische Fürstentitel wird dem Thronfolger nicht wie die anderen Titel automatisch zuteil, sondern ihm vom Souverän nach dessen Gutdünken verliehen.

Charles' Erziehung begann früh, und sie war daraufhin ausgerichtet, einen Mann aus ihm zu machen und einen künftigen König, wofür beide Eltern einen Klaps aufs Hinterteil für am besten geeignet hielten – etwa als er Ihrer Majestät, als diese sich gerade für einen offiziellen Handschlag präparierte, seinen halbgelutschten Bonbon in die Hand klebte oder als er den Passanten, die dem königlichen Auto zuwinkten, seine Zunge rausstreckte.

Redete er einen Bediensteten nur mit dem Vornamen an, so mußte Charles sich förmlich entschuldigen, ließ er eine Tür hinter sich offen, noch einmal zurück, um sie selber zu schließen. Als er mal eine Hundeleine verbummelte, da schickte ihn die Queen sie suchen: »Denn Hundeleinen, mein Lieber, kosten Geld!« Bis er zehn wurde, betrug sein

Prinz Andrew ist das dritte Kind der Queen, zur Welt gekommen am 19. Februar 1960, zehn Jahre nach Anne. Charles, der hier seinen Bruder umsorgt, ist inzwischen fast zwölf. (Camera Press/M. Schweitzer)

Taschengeld zwölf Pence die Woche, dann wurde es erhöht auf 25.

Irgendwann als er vier war, kam ein Besucher in den Palast, der sich wie alle fragen lassen mußte: »Was machen Sie hier?« »Ich bin zur Königin bestellt.« »Ah, ja? Wer ist das?« Der Besucher erklärte es lachend: »Deine Mutter!« Der Mann wird nie das verdutzt-nachdenkliche Gesicht vergessen, welches der Kleine daraufhin machte. »Ich kam mir vor wie einer, der sich verplappert, wer der Weihnachtsmann ist.«

Acht, so erinnert sich Prinz Charles, habe er werden müssen, bis ihm aufging – »und zwar im Sinne von etwas Erschreckendem« –, etwas Besonderes zu sein. »Es war durchaus nicht so, daß ich plötzlich aufgesprungen wäre, um ›Yippee‹ zu schreien. Ich denke, es hatte schon eine ganze Zeit in mir gedämmert, daß die Menschen ein spezielles Interesse an mir hatten, bis mir dann bewußt wurde, daß etwas auf mich wartete – eine Pflicht, eine Verantwortlichkeit. Und im nachhinein muß ich sagen, ich bin glücklich, von selbst darauf gekommen zu sein und es nicht unversehens gesagt bekommen zu haben.«

Charles ist der erste Kronprinz in der britischen Geschichte, der nicht Privatlehrer hatte, sondern zur Schule ging. Der Übergang geschah, als er acht war, und fließend: Vormittags gab es Stunden bei »Mispy«, nachmittags machte Charles in der Hill-House-Schule beim Sport mit.

Die Tanzstunden wurden abgesetzt zugunsten von Fußball, und wenn Charles in Reih und Glied zum Sportplatz marschierte, wäre er kaum aufgefallen, wenn er sich nicht angewöhnt hätte, vor allen Passanten, die stutzend stehenblieben, höflich die Schülermütze zu lüpfen. Vom Januar 1957 an wurde es dann ernst. Seine Königliche Hoheit wurde Schüler Nummer 102 von rund hundertzwanzig.

Am ersten Tag lernte er die Schulhymne, malte er ein Bild – am dritten Tage blieb er weg. Inzwischen hatte sich nämlich das historische Begebnis eines zur Schule gehenden Thronfolgers herumgesprochen, und der Schulweg, selbst

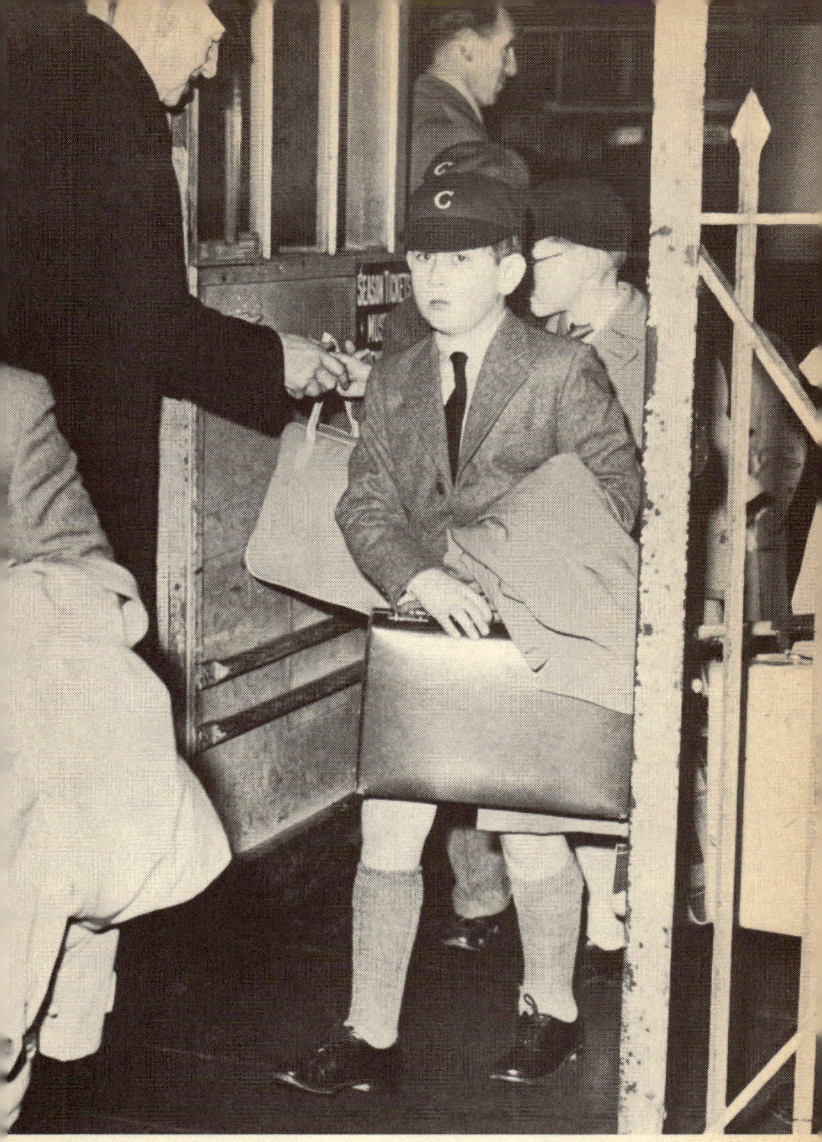

Charles ist der erste Prince of Wales, der keine Privatlehrer hatte, sondern öffentliche Schulen besuchte. Als Neunjähriger rückte er ins Internat Cheam bei London ein. (London Express)

vom Parkplatz, wo ihn das Auto absetzte, wurde für den Kleinen zum Spießrutenlaufen in einem Blitzlichtgewitter. Der Pressesprecher des Palastes bat im Namen der Queen, den Jungen in Ruhe zu lassen, und tatsächlich wurden die Reporter zurückgezogen, verlief sich die Menge.

Sport war Charles' Lieblingsfach, vor allem Schwimmen und Ringkampf, seine Leistungen in Französisch und Latein waren »vielversprechend«, die im Rechnen »eher schwach«. Im Herbst wechselte er ans Internat Cheam über, das auch schon sein Vater von 1930 bis 1934 besucht hatte, eine Vorbereitungsschule mit einer zweihundertjährigen Geschichte – und wohl ziemlich ebenso alten Betten: Holzroste, Seegrasmatratzen.

Der Tag begann um 7.15 Uhr mit dem Wecken, und Charles hatte wie alle selber sein Bett zu machen, seine Schuhe zu putzen und, wenn die Reihe an ihm war, die Mitschüler, die mit ihm die Stube teilten, beim Essen zu bedienen. So ging es viereinhalb Jahre. »Der Schüler Charles«, so Rektor Peter Beck, »zeigte überdurchschnittliche Intelligenz, aber nur durchschnittliche Begabung, diese in Kenntnisse umzusetzen.« Was beachtlich war, war sein schauspielerisches Geschick bei den Schulaufführungen.

Mit dreizehneinhalb kam Charles dann nach Gordonstoun, einer Schule, die aus dem berühmten Landerziehungsheim Salem am Bodensee hervorgegangen ist. Deren Leiter Kurt Hahn, ein Jude, gründete sie 1934 in Elgin, einem Städtchen an der See hoch im Norden von Schottland, als er vor den Nazis emigrieren mußte.

Einer ihrer ersten Schüler war Prinzgemahl Philip, damals noch ein Prinz von Griechenland und Dänemark. Gordonstouns Wahlspruch lautet: »Plus est en vous« (Es steckt mehr in dir), und demgemäß sind auch die Erziehungsmethoden. Gordonstoun ist teuer, teurer noch als Eton, lehrt aber die soziale Gemeinschaft; es kennt keine Standesprivilegien, achtet aber auf die Herkunft seiner Schüler; man ist für Tradition und zugleich für den Fortschritt. Körperertüchtigung ist geradezu zum Kult erhoben, und so kommt es nicht von ungefähr, daß Prinz Charles gegen Rauchen und Trinken ist und sich zweimal am Tag unter die kalte Dusche stellt.

Die ersten Monate fühlte er sich nicht sehr glücklich, zurückzuführen auf die Scheu der Mitschüler, mit dem Sohn der Queen ebenso rauh umzuspringen, wie sie es untereinander gewohnt waren bei »Einweihungsriten« und Mutproben, und damit wiederum hängt zusammen, daß Charles eine besonders innige Beziehung zu seiner Großmutter hat. Schloß Balmoral ist ja nicht allzu weit, nur zwei Autostunden die Berge hinauf, und Königinmutter Elizabeth, damals noch eine begeisterte Forellenfischerin in Schottland, war nur zu gerne bereit, ihren heimwehkranken Liebling an die Brust zu ziehen.

Die schweren Zeiten gingen vorüber, heute möchte Charles Gordonstoun nicht missen. »Denn ich habe dort vor allem zweierlei gelernt, Selbstkontrolle und Selbstbehauptung, und ich finde, daß dies das Wichtigste ist, was Erziehung leisten kann: sich durch Disziplin selber in den Griff zu bekommen.«

Ausgesprochen gern war er in der Außenstelle der Geelong-Schule, 320 Kilometer nördlich von Melbourne am Fuße des Timbertop im australischen Busch, wo er zwischenzeitlich zwei Semester absolvierte – Holz sammelnd für die Feldküche, Schafe scherend und Schweine fütternd, wenn die Schulstunden zu Ende waren, das rare Trinkwasser schluckweise genießend.

Seitdem weiß er, wie gut es schmecken kann, und wenn jemand, weil er den Prince of Wales zu Besuch erwartet, auf seine Erkundigungen, was dieser denn gern trinke, den Tip erhält: »Weder Tee noch Kaffee, stellen Sie ihm einfach einen Krug Wasser hin«, dann ist dies durchaus kein Witz. Seine Königliche Hoheit mag Wasser wirklich am liebsten.

Charles in seiner Eigenschaft als Thronfolger ist nicht nur der erste, der zur Schule ging, sondern auch der erste, der einen akademischen Grad errang: den Bachelor of Arts für die Kenntnisse in moderner Geschichte, die er sich am

Ein Prinz zum Anfassen ist Charles während seiner Studentenzeit in Cambridge, wo er auf dem Trinity College Geschichte hört – und sich wie jeder andere selbst verpflegt. (Central Press/dpa)

Trinity College der Universität Cambridge erwarb, nachdem er von Archäologie und Anthropologie umgesattelt hatte. »Aber warum, um Himmels willen?« hatte man ihn gefragt. Und Charles antwortete: »Schlicht darum, weil ich höchstwahrscheinlich mal König werde.«

Dies ist auch der Grund, warum er dann noch für ein Sommersemester nach Aberystwyth an der Westküste von Wales ging. Er wollte nicht Fürst von Wales sein, ohne Walisisch gelernt zu haben, dort wo es gesprochen wird. Bei seiner feierlichen Investitur am 1. Juli 1969 konnte er es.

Zum Prince of Wales ausgerufen worden war er schon mit zehn, und damals hatte die Königin versprochen, ihn ihren Walisern, wenn er erwachsen sei, im historischen Caernarvon zu präsentieren, in dessen Burg 1301 Englands Eduard I. seinen damals 16jährige Sohn zum ersten Fürsten von Wales erklärt hatte.

Charles ist der 21. Träger dieses vom jeweiligen Thronfolger getragenen Titels – aber nach fast siebenhundert Jahren erst der zweite, welcher ihn zu Caernarvon erhalten hat.

Ein stolzer Augenblick für Mutter und Sohn: Elisabeth II. stellt vor der alten walisischen Burg Caernarvon am 1. Juli 1969 dem Volke nach seiner feierlichen Investitur den Prince of Wales vor. (Syndication International)

V.
Der Deutsche

Es roch nach Krieg, und so begaben sich König Georg VI. und seine Königin, die eben noch in Amerika Furore gemacht hatten, er als ein »nice boy«, sie mit gewagten Hüten, auf eine Inspektionsreise zu den Ausbildungszentren der britischen Marine, die Prinzessinnen Elizabeth und Margaret Rose mitnehmend, damit sie an die frische Seeluft kämen.

Ebenfalls zur Begleitung gehörte Lord Louis Mountbatten, Seiner Majestät tüchtigster Admiral, und er hatte allen Grund stolz zu sein, als die königliche Jacht »Victoria and Albert« Dartmouth im Ärmelkanal anlief – sein an der dortigen Marineschule studierender Neffe hatte sich eben als Jahrgangsbester den »Königssäbel« verdient, ein gewisser Philip.

Doch sollte man vom Können dieses Seekadetten wenig zu sehen bekommen, stellte sich doch heraus, daß an der Küste eine Windpocken- und Mumps-Epidemie grassierte, die es angeraten sein ließ, die Mädchen, dreizehn und neun Jahre alt, von Menschenansammlungen fernzuhalten, um keine Ansteckung zu riskieren.

Sie blieben im Haus des Kommandeurs der Marineschule, und statt daß er sich als angehender Seeheld beweisen durfte, mußte besagter Philip, achtzehn Jahre alt, das Kindermädchen spielen. Er war mürrisch, Prinzess Lilibet höchst verlegen, sich so unverhofft in Gesellschaft eines jungen blonden, blauäugigen Mannes zu befinden, der mit seinem Bart aussah wie ein Wikinger. Viel mehr Gemeinsames außer einer Ururgroßmutter, der Queen Victoria, hatte man nicht. Man saß herum, süffelte Limonade und kaute Ingwerkuchen, und erst eine Partie Krocket im Garten brach dann das Eis. Elizabeth fing an, Interesse zu zeigen, doch als Philip und die anderen »cadet captains« zum königlichen

Dinner auf der Jacht erschienen, da lag sie schon in ihrem Bett.

Am nächsten Tag stritt sie sich mit ihrer Mutter, die Lord Mountbattens Neffen zwar nett, aber etwas verzogen fand, er sei im Gegenteil sehr natürlich und frisch, aber zu dessen eigentlichem Verteidiger machte sich Maggie. Für sie war einer, der Ingwerkuchen in solchen Massen verdrücken konnte wie er, schlichtweg ein Held, und so löste sich das Ganze in Lachen auf.

Aber dann zeigte sich, daß auch der Wikinger nicht unbeeindruckt geblieben war von der Ausstrahlung Elizabeths. Als die Kadetten der auslaufenden Königsjacht mit Dingis, Jollen, Ruder- und Paddelbooten das Ehrengeleit gaben, da war auch ein einzelner Ruderer darunter, und der hielt immer noch mit, als die Hafengewässer schon längst hinter ihm lagen. Lilibet holte sich ein Fernglas, der Mountbatten sich den Kommandanten: »Lassen Sie diesem verdammten Narren signalisieren, daß er augenblicklich umzukehren hat!« Doch Philip ruderte weiter und weiter, und erst als er wußte, daß er nur noch durchs Glas zu erkennen sei, stellte er einen Riemen auf und zum Salut vor die Brust.

Als der Krieg dann tatsächlich ausbrach, ging ein Schreiben in Buckingham Palace ein, in dem der frischgebackene Leutnant z. S. Philip, zu dieser Zeit noch Prinz von Griechenland und Dänemark und griechischer Staatsbürger, darum bat, auf einem Schiff der Royal Navy dienen zu dürfen, eine Ausnahmegenehmigung, die nur der König selber geben konnte.

Philip ist dann auf dem Schlachtschiff »Ramillies« gefahren, auf den Kreuzern »Shropshire« und »Kent«, den Zerstörern der W-Klasse »Wallace« und »Welp», auch auf HMS »Valiant« in Südostasien, inzwischen Oberleutnant und Erster Offizier, dekoriert mit Auszeichnungen und Tapferkeitsmedaillen, und niemand weiß besser Bescheid, wo er sich gerade befindet und was er macht, als Prinzessin Elizabeth. Auf ihrem Schreibtisch steht nicht nur ein Bild von ihm, sondern eine ganze Galerie – Philip mit Bart und

Philip ohne, Philip in weißer Paradeuniform und in einem ölverschmierten Rollkragenpullover auf gischtumsprühter Kommandobrücke.

Der Mann, in den Englands Thronfolgerin sich verliebte, wurde am 10. Juni 1921 auf dem königlichen Besitz Monrepos, der sich über der Nekropole des antiken Korfu erhebt, geboren. Nach vier Töchtern war er der ersehnte erste Sohn des Prinzen Andreas von Griechenland aus der Oldenburger Linie Sonderburg-Glücksburg, die 1863 auf den dänischen Thron und im gleichen Jahre auch auf den griechischen gelangte. Seine Mutter Alice, damals schon sechsunddreißig, war eine Mountbatten, eine Urenkelin Queen Victorias und Tochter von Prinz Louis Mountbatten, dem 1. Marquis of Milford Haven, der allerdings noch vier Jahre zuvor den schönen deutschen Namen Battenberg trug nach einem Städtchen im Hessischen zwischen der Eder und dem Burgwald.

Die Familie entstammt nämlich der Ehe eines hessischen Prinzen mit Julie von Hauke, Tochter eines russischen Generals, die ihm, da »unstandesgemäß«, zur Linken angetraut war, also ohne Würden und Rechte. Sie wurde erst Gräfin, dann Prinzessin von Battenberg – zu betiteln mit »Durchlaucht« –, und dies vererbte sich auch auf die Kinder. Es war der Älteste, Ludwig Alexander, Louis genannt, der mit noch nicht einmal dreizehn nach England ging, dort in die Kriegsmarine eintrat, Queen Victorias Enkelin heiratete und 1913 zum Ersten Seelord avancierte und damit zum Obersten Befehlshaber der Royal Navy.

Doch als der Erste Weltkrieg ausbrach, da entsann man sich plötzlich seiner Abkunft, und trotz der großen und unbestrittenen Verdienste, die sich Lord Battenberg um die britische Flotte erworben hatte, mußte er seine Ämter niederlegen. Im Juli 1917 mußte er sich auch äußerlich von den deutschen Verwandten lösen. Aus Battenberg wurde Mountbatten – drei Tage bevor aus Sachsen-Coburg-Gotha, wie die Königsfamilie hieß, die »Windsors« wurden.

Die nächste Generation galt dann als englisch, und die

Engländer haben gut daran getan, denn der zweite Louis Mountbatten entpuppte sich als ein seemännisches und militärisches Genie, das als Earl Mountbatten of Burma in die Geschichte eingehen sollte – der Mann, der den Japanern auf dem pazifischen Kriegsschauplatz die Hölle bereitete, der Herr im Indischen Ozean. Im September 1945 konnte er im Rathaus von Singapur die Kapitulation von General Itagaki entgegennehmen, neben sich als Adjutanten einen blonden Wikinger in Paradeweiß – Philip.

Daß dieser nach England kam, hat seinen Grund in Verwicklungen in Griechenland. Die hundertjährigen Kämpfe des Volkes der Hellenen um Freiheit und Unabhängigkeit hatten in einer Katastrophe geendet, die Türken unter Kemal Pascha das griechische Heer im August 1922 vernichtend geschlagen. Und Prinz Andreas bekam von seinen Landsleuten – zu Unrecht – angelastet, durch seine Unfähigkeit als General die Niederlage verschuldet zu haben. Ein Gerichtsverfahren wurde eröffnet, der Prinz zum Tode verurteilt.

Doch als es Nacht geworden ist, da dringen Bewaffnete ins Militärgefängnis – Prinz Andreas wird befreit. Eine abenteuerliche Flucht rollt ab, bis man endlich die Küste erreicht, wo ein Marinekutter wartet und den Todeskandidaten zu dem britischen Kreuzer »Calypso« bringt. Der Kommandant hat im Logbuch vermerkt, auf besonderen Befehl an Bord genommen zu haben: Seine Königliche Hoheit Prinz Andreas von Griechenland, Ihre Königliche Hoheit Prinzessin Alice und beider Kinder Margarita, Theodora, Caecilie und Sofie und – so steht es wörtlich da – »an infant son«. Philip war erst ganze achtzehn Monate alt, als sein Dasein als Flüchtling begann.

Man ging nach England, schlüpfte bei Philips Onkel unter, auch bei der inzwischen verwitweten Marquise von Milford Haven, und der Junge ging dann auch in eine englische Schule, doch 1934 siedelte die Familie nach Paris über. Prinz Andreas, hieß es, vertrüge das englische Klima nicht, aber er mochte wohl nicht der »arme Verwandte« sein.

Auch mag es politische Gründe gegeben haben. In Frankreich ließ sich eine eventuelle Rückkehr nach Griechenland leichter organisieren.

Schwere Zeiten brachen an. Ein Vater, der sich immer tiefer in seinen Traum von der Rückkehr verstrickte, eine Mutter, die einen Antiquitätenladen aufmachen mußte, um mit dem, was sie vom Geretteten verkaufte und was griechische Emigranten ihr zum Verkaufen brachten, die Familie ernähren zu können. Man war froh, als die Töchter heirateten – alle nach Deutschland –, als der Sohn nach England geholt wurde, um sich für eine Seeoffizierslaufbahn vorbereiten zu können.

Gefragt, was seine Heimat sei, gab der damals Zehnjährige traurig zur Antwort: »Meine Leute sind über ganz Europa verstreut, ich hab' nur dort meine Heimat, wo ich wohne.«

In Gordonstoun wurde Philip zum Schulsprecher gewählt, wie dreißig Jahre später sein Sohn Charles. (1959, bevor dieser dorthin kam, trug er mit einer Tausendpfundspende dazu bei, daß die Schule renoviert werden konnte.) Damals bereits kam eine besondere Fähigkeit von Philip zum Vorschein: Sich einzufügen, ein Team zu schaffen, es anzuführen. Einer Karriere, die der der Mountbattens vor ihm gleichkam, schien nichts im Wege zu stehen.

Doch als er fünfzehn wurde, kam die Versuchung. Die Griechen, der inzwischen ausgerufenen Republik überdrüssig, hatten König Georg II. zurückgerufen, und dieser lud seinen jungen Vetter ein, ihn zu besuchen. Er verband einen wichtigen Zweck damit. Der König war kinderlos, sein Bruder Paul, obwohl schon siebenunddreißig, noch immer unverheiratet und Philip der einzige männliche Thronanwärter. »Es gibt keinen Zweifel«, haben Zeugen die Gespräche beschrieben, »daß Philip für eine kurze Zeit sehr ernsthaft für die neue Aufgabe bereit war, daß es ihn lockte, Griechenlands Thronfolger zu werden.«

Niemand hat erfahren, warum er seinen Willen änderte. Vielleicht war es der Umstand, daß die griechische Flotte, in die ihn König Georg II. aufzunehmen versprach, im Vergleich mit der britischen nur aus halben Wracks bestand. Vielleicht waren es aber auch die Bedenken der Großmutter Marquise von Milford Haven. »Ach, weißt du, Junge«, hatte sie zu Philip gesagt, »König zu sein, das ist heutzutage ein höchst unsicheres Brot.«

Philip kehrte zurück. »Fest entschlossen, in die Royal Navy einzutreten – England ist meine Heimat.«

Aber noch lange blieb er Prinz von Griechenland und Dänemark. Ein Prinz ohne Land, dessen Vater 1944 starb, dessen Mutter seitdem auf der ägäischen Insel Tinos ein etwas gespenstisches Einsiedlerleben führte. Erst im Februar 1947 nahm Philip die englische Staatsbürgerschaft an und – als Folge der Adoption durch seinen Onkel Louis – auch den Namen Mountbatten – im übrigen nicht deshalb, damit sich die Gemüter, die sich wegen der sich ankündigenden Verlobung mit Thronfolgerin Elizabeth erhitzt hatten, wieder abkühlten, sondern weil es seine Offizierskarriere erforderlich machte.

Der Krieg war vorbei, aus dem Haudegen ein Lehrer an einer Marineschule geworden mit zehn Pfund Wochensold. Erst als er schon verheiratet und Vater war, gelang es Philip wieder, ein Bordkommando zu bekommen. Er wurde Offizier auf der in Malta stationierten HMS »Chequers«, dann Kommandant der Fregatte »Magpie«. Und bald schon begann der Volkszorn erneut zu brodeln. Die Royal Navy kennt keinerlei Bevorzugung. Auch wenn es sich um den Gemahl der Thronfolgerin handelt, bekommt er nur soviel Urlaub, wie ihm zusteht. So nutzte Elizabeth jede Gelegenheit, ihren Philip ihrerseits zu besuchen – und das trug ihr bald den Vorwurf ein, sich zu oft von ihren Kindern zu trennen.

Philip – am Vorabend der Hochzeit durch königliches Dekret Herzog von Edinburgh, Earl of Merioneth und Baron Greenwich – war dem kleinen Charles ein guter Vater. Er kroch mit ihm auf dem Boden herum, hatte Geduld für jede Frage, bastelte ihm kaputtgegangene Spielzeugautos zu-

Vater und Sohn haben ein besonders gutes Verhältnis zueinander. Prinz Philip lehrte Charles boxen, als er neun war, und er ist bis heute sein engster Berater geblieben. (Central Press)

sammen, war aber streng und unerbittlich, wenn er Entgleisungen witterte. Als Charles einmal einen Polizisten mit Schneebällen bombardierte und dieser, aus Angst, etwas Falsches zu tun, nichts dagegen unternahm, da riß er das Fenster auf: »Verdammt noch mal, so schmeißen Sie doch kräftig zurück!« Und immer war er darauf aus, den Jungen zu fordern. Er selber brachte ihm das Boxen bei, noch ehe Charles zur Schule ging, trieb ihn, indem er mit ihm um zehn Shilling wettete, dazu, daß er im Palast-Schwimmbad mehr und mehr Lagen schwamm, lehrte ihn segeln und fuhr mit ihm Regatten, als er noch nicht einmal zehn war.

Charles' Vater ist in seiner Art Seemann geblieben, wie er es hatte werden wollen. Er sagt, was er denkt (auch schon mal ungefragt). Er hat keine Angst, auch einmal grob zu werden – saugrob, wenn es sein muß. Als bei einem Staatsbesuch im Orient der vorausfahrende Polizeiwagen seine Sirene so laut heulen ließ, daß das eigene Wort nicht mehr zu verstehen war, sprang der Herzog von

Edinburgh beim nächsten Stop aus der Staatslimousine, um aufs Autodach zu hämmern: »Stell endlich dein Scheißsignalhorn ab!« Und als der König von Marokko, der die Queen zu Prinz Philips wachsendem Ärger wie den letzten Beduinen behandelte, ihn mit irgendeiner Sitzordnung schurigeln wollte, da ließ er ihn abblitzen: »Hier sitze ich und hier bleibe ich, und damit basta!«

Was ihn freut, ist, daß Charles Polo spielt, einen Sport, den er selber zu seinem Leidwesen in seinen mittleren Jahren wegen einer sich ankündigenden Arthritis in den Händen hat aufgeben müssen. Was ihn nicht freut, ist, daß Charles nicht den gleichen Spaß am Segeln hat. Und was ihn ganz besonders freut, das ist, daß auch der Prinz seine Liebe zum Malen entdeckte und entwickelte, eine Kunst, in welche er ihn als Knaben selber eingeführt hat.

Selbst heute noch – er über sechzig, Charles über dreißig – kann er streng werden, wenn er das Gefühl hat, daß der Thronfolger das tut, was er »sich zum Affen machen« nennt. Für diesen ist und bleibt er der »Papa«. Er würde sich nie in der Politik engagieren, darf es nicht und will es auch nicht. Er ist das Oberhaupt der Familie, der Gatte der Königin – und der Mann, der am besten weiß, daß das, was Prinz Charles erwartet, alles andere als einfach ist.

Wie Prinz Philip es ausdrückt: »Unsereins lebt überm Laden, und jeder denkt, er kann zu jeder Zeit läuten.«

VI.
Die weise Frau

Da war auch ein Onkel David unter den Onkeln und Tanten, welche die kleine Elizabeth, die erste Tochter des Herzogs von York, besuchen kamen, und mit ihm ließ sich am besten spielen. Immer guter Laune, immer zu Streichen aufgelegt, balgte er sich mit ihr auf dem Teppich – wobei es, zu Weihnachten auf Sandringham, beinahe einmal ein Malheur gab, weil der acht Meter hohe Christbaum ins Schwanken geriet und seine Kugeln abwarf wie ein Laubbaum im Herbst die Blätter – und mimte den Jagdhund, der bellend und schnüffelnd dem »Fuchs« nachspürte, wo dieser sich auch verstecken mochte, hinter den Portieren, im Schrank, im Bett.

Lilibet konnte sich vieles vorstellen im Zusammenhange mit dem mittelgroßen, zierlichen Mann mit den hellen blauen Augen und dem hellen blonden Haar, der der ältere Bruder ihres Vaters Albert war, nur nicht, daß er einmal König werden sollte. Denn der König, Georg V., war ein furchterregender Mann – genau so, wie er einer sein wollte. Zu einem Freund hatte er einmal gesagt: »Mein Vater fürchtete sich vor seiner Mutter, ich hatte Furcht vor ihm, und ich werd' verdammt aufpassen, daß meine Kinder mich fürchten!« Das Regiment, das er über seine Familie führte, war das eines Schiffskommandanten – streng, aber gerecht. Und er ließ auch sein Volk bei jeder Gelegenheit wissen, daß er der König war.

Um so beliebter war sein wahrscheinlicher Nachfolger, der so völlig anders war. Ein »Jagdhund« für seine kleine Nichte. Ein Gesprächspartner für den Mann auf der Straße. Er machte sich nichts aus Pomp, nichts aus den Äußerlichkeiten seiner Würde als der eines Thronfolgers. »Was für ein Quatsch & eine Verschwendung von Zeit, Geld & Energie Staatsempfänge doch sind«, hat er als Neunzehnjähriger in sein Tagebuch notiert.

Es gab keinen Posten vor seinem Heim nahe St. James's Palace, nur den Wachhabenden des Polizeireviers, der ab und zu vorbeipatrouillierte, und es gab dort auch kein Vorzimmer, keinen Audienzsaal. Auf dem Messingschild an der Haustür stand »Edward Prince of Wales«, und darunter gab es einen Klingelknopf, und wenn auch niemand wirklich gewagt haben würde, ihn zu drücken, so hatte man doch das Gefühl, es tun zu können.

England freute sich auf diesen König, der zu großen Hoffnungen berechtigte und eigentlich nur den einen Fehler hatte, nicht die richtige Frau für sich finden zu können. Bliebe er Junggeselle und passierte ihm etwas, so würde der Herzog von York an seine Stelle treten, »Bertie«, wie er familiär hieß – ein schüchterner, mit schwacher Lunge und leichtem Stottern geschlagener, doch überaus sympathischer Mann –, oder, was wahrscheinlicher wäre, dessen Tochter Elizabeth. Mehr und mehr richtete sich darum auch das öffentliche Interesse auf sie, ein lieb wirkendes Mädchen, doch, wie zu hören war, mit einem eigenen Köpfchen – Lilibet.

Sie war am 21. April 1926 in Nr. 17 Bruton Street geboren worden, einem hochherrschaftlichen älteren Kasten im Londoner Mayfair, welcher dem Schwiegervater des Herzogs, dem 14. Earl of Strathmore and Kinghorne aus dem uralten schottischen Adelsgeschlecht der Bowes-Lyon, als Stadtpalais diente, und zwar vermittels Kaiserschnitt nachts um 2.40 Uhr, wie Innenminister Joynson-Hicks bestätigte, damit auch gleich klarmachend, daß es sich um kein gewöhnliches Baby handelte, sondern um eines, das für die Thronfolge in Frage kam. Nach 250 Jahre altem Brauch, zurückgehend auf Jakob II., hatte nämlich in solch einem Falle der Innenminister Zeuge der Geburt zu sein, um ein eventuelles Vertauschen des Kindes auszuschließen. Erst Elizabeths Vater hat dann damit aufgeräumt, weil die Geburt schwer genug war, als daß man noch einen herumstehenden Minister dabei hätte gebrauchen können.

Ein eigenwilliges Persönchen, diese Elizabeth, die den Ehrgeiz entwickelte, »gran'pa England«, wie sie den polternden Großvater nannte, wenigstens mal ein Lächeln zu entlocken, sowie den, ihrer Rolle als Mitglied der Königsfamilie gerecht zu werden. Mit fünf Jahren zu einer Truppenparade mitgenommen, stahl Lilibet ihren Eltern die Schau, als sie beim Böllerschießen mit der Hand an der Stirn salutierte – allerdings der falschen.

Als Elizabeth Bowes-Lyon, Herzogin von York, im Sommer 1930 ihr zweites Kind erwartete, schickte sie der König nach Glamis Castle, dem Stammsitz der Familie, einem tausendjährigen Gemäuer, das ebenso reich an Historie wie an Gespenstern ist (es war hier, wo Macbeth seinen König Duncan erschlug). Georg V. wollte den Neuankömmling aufwerten – und zugleich auch seinem Nachfolger einen zarten Wink geben, denn der Prince of Wales, inzwischen auf die vierzig gehend, war immer noch nicht verheiratet.

Zur Welt kam dann, wieder nicht ohne Kaiserschnitt und vierzehn Tage verspätet, Prinzessin Margaret Rose, die erste in Schottland geborene Anwärterin auf den Thron, wie man dort stolz vermerkte, seit Karl I. im Jahre 1600. Für Lilibet war das Schwesterchen »Bud«, der Kumpel, für die Familie »P 2« die zweite der Prinzessinnen.

Margaret Rose war zwei, Elizabeth sechs und dieser Onkel, der sich über nichts mehr amüsieren konnte als über seine beiden munteren Nichten, achtunddreißig, da gab es eine Frau in seinem Leben. Doch niemand wollte es wahrhaben. Eine Amerikanerin, bürgerlich, geschieden und wiederverheiratet, war sie ein Nichts in den Planspielen derer, die mit des Thronfolgers Zukunft spekulierten. Königin Mary hätte sich lieber die Zunge abgebissen als ihren Namen in den Mund genommen. Der König wurde krank darüber.

Es war im Winter 1931, als der Prince of Wales auf einer Jagd in Melton Mowbray südlich von Nottingham, die sein Bruder Georg veranstaltete, Mr. und Mrs. Simpson kennenlernte. Die sowohl beherzte wie einfühlsame Art der Dame faszinierte ihn, und eine Freundschaft begann sich zu entwickeln, die noch enger wurde, nachdem das Paar bei Hofe vorgestellt worden war.

Immer häufiger besuchte David die Simpsons in deren »kleiner, aber reizender Wohnung« in London, immer häufiger wurde er von ihnen besucht, vor allem auch in Fort Belvedere, seinem Sommersitz unweit von Schloß Windsor – und, wie Gerüchte wissen wollten, auch schon mal von Wallis Simpson allein.

Aber immer noch wußte man nichts Genaues – und konnte auch gar nichts wissen, weil die Zeitungsbarone der Fleet Street sich berufen fühlten, auf Moral zu achten und jedweden Klatsch zu unterbinden. Georg V. starb am 20. Januar 1936 mit achtzig, sein Ältester folgte ihm unter dem ersten seiner sieben Vornamen als Eduard VIII. auf den Thron, und jetzt erst kam, was sich längst zu einer Liebesaffäre ausgewachsen hatte, zur Kenntnis der Untertanen – auf dem Umwege über Amerika.

Die »Chicago Sun« meldete, daß Wallis und Ernest Simpson am 27. Oktober 1936 geschieden worden seien, und sie erhellte auch die obskuren Hintergründe. Der Fall war wie von ungefähr in die Akten der Stadt Ipswich geschlüpft, wo, wie von ungefähr, besagte Mrs. Simpson den dafür nötigen Aufenthalt genommen hatte – pikanterweise im gleichen Ipswich, wo jener Kardinal Wolsey geboren wurde, der sich Heinrichs VIII. Haß zuzog, weil er es beim Papst nicht schaffte, dessen Ehe mit Katharina von Aragonien auflösen zu lassen

Man hörte, jetzt erst, auch noch ganz anderes: Als Eduard VIII. im Sommer mit seiner Jacht »Nahlin« an der dalmatinischen Küste auf Kreuzfahrt gegangen war, da war er nicht allein gewesen – Mrs. Simpson war mit, damals noch eine verheiratete Frau!

Die Beziehungen zwischen David und Bertie kühlten sich ab. War der Ältere bis eben noch ständiger Gast im Hause Yorks gewesen, speziell in den Kinderzimmern, so schnitt er den Bruder jetzt geradezu. Bei einem Urlaub auf Balmoral,

Wallis Simpson bei sich, lud er alle möglichen Leute zu sich ein, nur nicht die Yorks und nicht einmal die Prinzessinnen, obwohl sie zur gleichen Zeit ganz in der Nähe auf Glamis weilten.

Für den 12. Mai 1937 war die Krönungsfeier geplant. Im April 1937, ein halbes Jahr nach dem ergangenen Urteil, wurde Mrs. Simpsons Scheidung rechtskräftig. Niemand wäre auf die Idee gekommen, daß es eine Verbindung zwischen den beiden Daten geben könne. Doch genau so war es.

Es war am 16. November 1936, als der König seinen Premierminister Stanley Baldwin in den Palast zu kommen bat, um ihm eine wichtige Neuigkeit mitzuteilen: Er wünsche seine große Liebe zu heiraten.

Am 2. Dezember, als der Herzog und die Herzogin von York zusammen mit Mary, der Princess Royal, in Marlborough House bei ihrer Mutter dinierten, erschien Eduard VIII., aufgelöst, müde und mutlos, so wie er eben von Fort Belvedere gekommen war. Er erklärte, daß er entweder König sein wolle, aber dann mit Wallis neben sich, oder gar nicht – und daß, da sein Vorschlag einer Ehe zur Linken zurückgewiesen worden sei, also nur das letztere bleibe. Bevor er noch in derselben Nacht zurückfuhr, bat er den Bruder um eine Unterredung am nächsten Tag.

Die Yorks reisten eiligst nach und hielten sich in der Royal Lodge, dem Jagdhaus des Windsor-Besitzes, bereit, doch es vergingen das ganze Wochenende und auch noch der Montag, bis der König sich meldete. Am Abend erst kam der Anruf, kam jener Satz zwischen Bruder und Bruder, der alles entschied: »Du wirst es schon schaffen, Bertie. Viel Glück.«

Als der Mann, der König Georg VI. werden sollte, den Zug nach London nahm, da saß er inmitten eines Bergs Papier, herausquellend aus den Koffern, mit denen die Staatspapiere an den Monarchen gehen, die berühmten »boxes«, lesend und lesend und sich Notizen machend, bis ihm die Augen weh taten, war er doch von alledem bisher peinlichst ferngehalten worden.

Am 10. Dezember 1936 unterschrieb Eduard VIII. die Abdankungsurkunde, »still und gefaßt«. Am 12. Dezember bestieg sein Bruder offiziell den britischen Thron – zur gleichen Stunde, als der Ältere sich nach Frankreich einschiffte, wieder David jetzt, aber kein Fürst von Wales, sondern ein Herzog von Windsor. Kronprinzessin war ganz plötzlich ein kleines blondes Mädchen von zehn.

Man ist sich heute nicht mehr gar so sicher in England, ob der Windsor wirklich einen guten König abgegeben hätte. Es gab da zum Beispiel ein Abschiedsdiner, wo er dem Premierminister Dinge an den Kopf warf – insbesondere über die Not der Arbeitslosen im Grubengebiet von Südwales, denen er versprochen hatte »Etwas muß geschehen« –, die dieser, wie Eduards ihm nachfolgender Bruder später meinte, »nie zuvor zu hören gekriegt hatte«. Nur: Es war ein grober Verstoß gegen das britische Verfassungsverständnis, dies zu sagen, ebenso wie es ein Überschreiten der Kompetenzen des Königs bedeutete, den Bergleuten von sich aus Versprechungen zu machen.

Georg VI. hat sich nie einen solchen Fauxpas geleistet. Er war ein guter König. Ein pflichtbewußter Monarch, ein vorbildlicher Vater und, als dann der Krieg kam, ein tapferer, seine Gesundheit nicht schonender Mann. Hustend, weil Staub und Qualm seine ohnedies angegriffenen Lungen reizten, stiefelte er durch die Ruinen des Bombenkriegs, ob in London, Sheffield oder Salford, um seine Landsleute zum Durchhalten aufzumuntern, und daß es dann Lungenkrebs war, der ihn 1952 dahinraffte, hängt ohne Frage damit zusammen.

Es gab nicht einmal einen Luftschutzkeller im Buckingham-Palast, als 1941 der »Blitz« der deutschen Luftwaffe auf London niederfuhr, nur ein paar rasch gebuddelte Splittergräben im Schloßpark. Prompt landete eine Bombe genau vor des Königs Arbeitszimmer, Gott sei Dank ein Blindgänger, doch als man der Königin nahelegte, Elizabeth und Margaret Rose nach Kanada in Sicherheit zu bringen, da winkte sie nur ab: »Die Kinder werden nicht ohne mich außer Landes gehen und ich nicht ohne den König. Und der König geht nie.«

Vier Tage später kam die Königsfamilie buchstäblich mit dem Leben davon. Von den sechs deutschen Fliegerbomben, die am 13. September 1941 auf Buckingham Palace abgeworfen wurden, detonierten zwei direkt vor dem Palast, zwei in seinem Innenhof, das Hauptwasserrohr sprengend, eine in der Königlichen Kapelle, wo Elizabeth getauft worden war, und die sechste im Garten. »Ich bin ganz froh darüber«, kommentierte die Königin, »denn es gibt mir endlich das Gefühl, den Ausgebombten von East End in die Augen sehen zu dürfen.«

Auch Elizabeth II., geschult an dem Vorbild ihres Vaters, hält sich absolut im Rahmen der konstitutionellen Monarchie. Mit dem Silberjubiläum ihrer Thronbesteigung schon hinter sich, hat sie in all den Jahren nicht ein einziges Mal versucht, in die Politik einzugreifen, auch nie ein Presseinterview gegeben. Wenn sie etwas gutheißt oder verabscheut, dann erfährt es die Öffentlichkeit im allgemeinen aus dem Munde von Prinz Philip oder dem des Prince of Wales. Es gibt kein Zitat aus dem Mund der Queen, das von Belang wäre – weil es keines geben darf. Sie muß mit dem Verdacht leben, vielleicht gar nichts zu sagen zu haben.

Aber was die Briten, und nicht nur die in England, Irland, Schottland, Wales, sondern vor allem auch die Bewohner der Staaten des Commonwealth an ihrem Souverän schätzen, das ist am wenigsten Beredsamkeit. Elizabeths II. Vater war nie ein guter Redner, wenn er auch, mit Hilfe des australischen Spezialisten Lionel Logue, der ihm eine besondere Atemtechnik beibrachte, lernte, sein Stottern zu überwinden. Was ihn so beliebt machte, das war, daß er in seiner Amtsauffassung ein Vorbild war.

Dies gilt auch für die Queen, die mustergültig ist in ihrem Pflichtbewußtsein. Zu Sorgfalt, Ordnungsliebe und Gewissenhaftigkeit erzogen, hat sie mit den Jahren eine akribistische Liebe zum Detail entwickelt. Gepaart mit ihrer Arbeit

Die Krönung Elisabeths II. versammelte die Königsfamilie um die neue Queen am 2. Juni 1953. Vorn Charles und Anne, links neben der Königin Prinzessin Margaret, rechts die Königinmutter, dahinter Prinz Philip und der Herzog von Gloucester. (Syndication International)

samkeit ergibt sich daraus, daß kein Papier über ihren Schreibtisch geht, welches sie nicht Wort für Wort gelesen und durchdacht hätte.

Wenn sie sich in London aufhält, wird sie regelmäßig jede Woche vom Premierminister besucht und über die laufenden Staatsgeschäfte informiert. Dabei hat sie nicht nur das Recht, zu Rate gezogen zu werden, sondern auch, ihre eigenen Ansichten zum Ausdruck zu bringen, üblicherweise in der Form von Ermutigung beziehungsweise Warnung. Außerdem gehen ihr Abschriften der wichtigsten Vorgänge des Ministeriums für Auswärtige und Commonwealth-Angelegenheiten zu sowie die Protokolle der Parlamentssitzungen.

So ist die wöchentliche Unterredung mit ihr für den

Premierminister durchaus nicht nur lästige Pflicht – niemand weiß auch nur annähernd vergleichbar viel über praktische Politik wie die Königin, die sich, losgelöst von der Parteipolitik und zutiefst vertraut mit der inneren Funktionsweise der Regierung, im Verlaufe des hinter ihr liegenden Vierteljahrhunderts immense Kenntnisse erworben hat. Eine im wahrsten Sinne des Wortes weise Frau.

Und dies vor allem ist es, was auch das Verhältnis zwischen Charles und seiner Mutter bestimmt: Respekt. Und er ist der einzige, der, vom Premierminister abgesehen, ihr staatsmännisches Können zu beurteilen vermag. Denn er ist der einzige außer ihr, an den die »boxes« und die Staatsgeheimnisse gelangen.

Die Queen war ihrem Ältesten keine strenge Mutter. Sie hatte nicht nötig es zu sein, weil es Prinz Philip als seine Aufgabe betrachtete, aus ihm einen Mann zu machen, und in der Tat ist dann Charles auch in seine Fußstapfen getreten. Doch jetzt scheint er sich mehr der Königin zuwenden zu wollen, die dem weichen Kern, der hinter der rauhen Schale des Sportsmanns und Soldaten, der Jagdrennen reitet und mit dem Fallschirm abspringt, versteckt ist, mehr entspricht.

Es geschieht mit einer ganz eigenen Wärme, wenn Charles »mother« sagt.

VII.
Ein besserer Herr

Die Ausbildung eines britischen Thronfolgers ist nicht nur Sache seiner Familie, sondern des ganzen Volkes. Als es mit Charles soweit war, zu Weihnachten 1965, lud die Queen ein paar Herren ein, von denen sie sich fachlichen Rat erwartete. Zu einem Arbeitsessen in Buckingham Palace versammelten sich der Erzbischof von Canterbury, der Dekan von Windsor, Sir Charles Wilson als Repräsentant der Universitäten, Premierminister Harold Wilson und der Earl Mountbatten – offiziell als Vertreter der Armee, inoffiziell als »uncle Dikkie«, von jedermann anerkannt als der Chef der Familie

Königskinder leben einsam. Dies Bild von Charles und Anne in der Bildergalerie von Buckingham Palace fotografierte Lord Snowdon, Prinzessin Margarets Gatte. (Camera Press/M. Schweitzer)

Windsor. Und er war es, der Trinity College zum Studieren vorschlug und danach eine Laufbahn in der Kriegsmarine. So wie es, argumentierte er, auch schon Charles' Großvater und Vater gehalten hätten. Er selber, Mountbatten, war noch keine dreizehn, als er Seekadett wurde.

Aber der eigentliche Grund war ein eher sentimentaler. Earl Louis Mountbatten wollte, daß sein Neffe unter Menschen kam. »Denn es ist ihre Einsamkeit, unter der Königskinder immer gelitten haben und immer leiden werden.«

Es war dann Charles' eigene Idee, während seiner Studienzeit in Cambridge fliegen zu lernen. So oft ihm Zeit dafür blieb, fuhr er zu einem nahe gelegenen Fliegerhorst der RAF, um, nach einem eigens für ihn ausgearbeiteten Trainingsprogramm, Unterricht zu nehmen. Doch auch wenn man in Rechnung stellt, daß er in Flight Lieutenant Philip Pinney seinen privaten Lehrer hatte, stellte er sich beachtlich gut an. Am 30. Juli 1968 überhaupt zum erstenmal in einer Maschine, einem Trainer vom Typ »Chipmunk«, machte er, nach nur vierzehneinhalb Flugstunden, am 14. Januar 1969 seinen ersten Alleinflug. Er trat damit in die Fußstapfen seines Großvaters Georg VI., der Flieger geworden und 1918 als solcher an der Westfront eingesetzt war, nachdem er, schon Leutnant z. S., seiner Marinekarriere nach einer Lungenoperation enttäuscht hatte entsagen müssen.

Nach sechzig weiteren Flugstunden stieg der Prinz auf die zweimotorige Beagle Basset über, den Typ, den er auch heute noch bevorzugt benutzt. Er avancierte zum Flight Lieutenant, ging an die Fliegerschule Cranwell, um sich als Jet-Pilot ausbilden zu lassen. Sich seine Unterkunft wie üblich mit drei anderen Flugschülern teilend und vom Drill nur darum ausgenommen, weil er sich, was als Jahresprogramm gedacht war, in fünf Monaten erarbeiten mußte, war er tief enttäuscht, als er dahinter kam, daß seine Ausbildung unter dem Codenamen »Operation Golden Eagle« lief und die beiden für ihn abgestellten Maschinen mit zusätzlichen Sicherheitsvorrichtungen ausgerüstet waren.

Er hätte nicht Charles heißen und in Gordonstoun erzogen worden sein müssen, um darzutun, daß er das gleiche zu leisten willens und fähig war wie jeder andere. Also gab er bekannt, sich als Fallschirmjäger erproben zu wollen.

Die Königin machte erst gar nicht den Versuch, es ihm ausreden zu wollen. Ihr Seufzer war im ganzen Land zu hören – und so auch der des Premierministers, dem klar wurde, daß dieser Thronfolger immer einen Weg finden würde, sich vor sich selbst zu beweisen. Und wirklich ging dann auch etwas schief beim ersten Sprung. Als das Zielgebiet erreicht war, eine Bucht an der Kanalküste, da hatte der Wind über die Sicherheitsgrenze hinaus aufgefrischt, und Charles geriet ins Trudeln und mit seinen Füßen in die Leinen. Gottlob noch bevor etwas passieren konnte, kam er wieder frei, war unten und, kaum daß er naß geworden war, ins Boot gezogen.

Heute ist er – unter anderem – Oberst eines Fallschirmjägerregiments. Aber wenn er das berühmte rote Barett trägt, dann weil er es sich selbst erworben hat und immer wieder erwirbt mit neuen Absprüngen. Eines der wenigen Male, daß Charles seinen Bruder Andrew, welcher inzwischen auch springt, öffentlich anherrschte, war, als dieser flachste, ob er nicht das Gefühl habe, allmählich zu alt zu sein dafür.

Bei der Jahresparade der Fliegerschule heftete ihm Luftmarschall Sir Dennis Spotswood die »wings« an die Brust, das Abzeichen des Jet-Piloten. Prinz Philip, in seiner Eigenschaft als Marschall der britischen Luftflotte auf der Ehrentribüne, war stolz auf seinen Sohn und dieser selber so übermütig, daß er den Fotoreportern, die gar nicht genug kriegen konnten vom Prince of Wales in Fliegerblau, zurief: »Heut mach' ich alles für euch, selbst auf dem Kopf stehen.«

Das Cranwell-Zeugnis bescheinigt Charles, ein »fliegerisches Naturtalent« zu sein, welches »einen exzellenten Jagdflieger auch bei Überschallgeschwindigkeiten abgeben würde«. Doch wenn er die Ausbildung genossen hat, dann nicht zuletzt darum, weil ihm die Uniform Anonymität verlieh. In den »Pubs« um Cranwell nimmt kein Mensch von einem Flieger Notiz.

Im Herbst 1971, die harten Monate von Cranwell gerade hinter sich, trat Charles ins Royal Naval College ein. Hier in Dartmouth waren schon sein Großvater wie auch sein Vater gewesen. Und hier in Dartmouth, dem Kreuzfahrer-Hafen des Mittelalters mit dem Flair eines Riviera-Seebads mit Sandstrand und Palmen, war es gewesen, wo die Eltern sich zum erstenmal begegneten, ein blonder Wikinger und eine Prinzeß von zwölf.

Wieder absolvierte der Prinz die Schule in Rekordzeit. Wieder mit Auszeichnung: der Beste in Navigation, der Beste in Seemanschaft. Dafür hatte er auch Tag und Nacht gebüffelt und die Bücher selbst in der Freizeit mit an den Strand genommen. Weil der Vater zu einem Truppenbesuch in Berlin weilte, flog Onkel »Dickie«, den das von jedem Seekadetten angestrebte »double« besonders stolz machte, zur Abschlußparade, um Charles, für den er mehr und mehr zu einem »Ersatzgroßvater« wurde, in die Arme zu nehmen.

Danach kam die aktive Dienstzeit. Zum Mißfallen von Charles' Lehrern auf dem Raketenträger »Norfolk«, einem im Mittelmeer stationierten Zerstörer. Sie hätten eine Kommandierung auf ein kleineres Schiff, wo es weniger Offiziere und also mehr Verantwortung für den einzelnen gibt, lieber gesehen. Doch der hinter den Kulissen schaltende Mountbatten hielt für den Thronfolger Großbritanniens ein bedeutenderes Schiff für angebracht. Prompt gab es diplomatische Verwicklungen. Spanien protestierte in einer Note gegen die Anwesenheit des Prince of Wales in Gibraltar, und damit Malta, mit dem die Beziehungen ohnedies nicht die besten waren, nicht ein Gleiches täte, wurde HMS »Norfolk« angewiesen, den dort beabsichtigten Besuch auszulassen.

Für die Navy war Charles kein »Goldener Adler«, sondern ein nachrückender Offizier wie jeder andere, der dann auch dort einzuziehen hatte, wo gerade etwas frei geworden war. Kabine 36 an Steuerbord des 01-Decks, nur rund drei Quadratmeter, in die sich Koje und Waschgelegenheit, Spind und Schreibpult teilten, war die erste einer ganzen Reihe

Verehrung, Bewunderung und eine tiefe Liebe hat Charles für den Earl Louis Mountbatten empfunden, seinen Großonkel »Dickie«, den er gern seinen »Ehrengroßvater« nannte. (dpa)

von ähnlichen Zellen, die Charles fünf Jahre lang sein Heim nannte. Seinen dreiundzwanzigsten Geburtstag sollte er noch weitaus unbehaglicher verleben – als Brückenwache der »Norfolk« bei schwerem Sturm von Stärke zehn.

Es folgten Kommandierungen auf HMS »Dryad« und HMS »Dolphin«, beides Schulschiffe, das eine in Portsmouth, das andere in Gosport vor Anker liegend, wo es Fortbildungskurse zu absolvieren galt, zum Beispiel in der Technik des Entkommens aus einem gesunkenen Schiff. Charles vollführte die Übung aus 9, 18 und 30 Metern Tiefe, und die Ausbilder nahmen die günstige Gelegenheit wahr, einen Unterrichtsfilm zu drehen, von dem sie sicher sein konnten, daß er das Interesse aller künftigen Schüler finden würde. Das Fernsehen hat dann eine Kopie für den TV-Film »Pilot Royal« übernommen.

Lehrgang reihte sich an Lehrgang, die Routine einer Marine in Friedenszeiten: Übungsschießen, Unterricht über Atom-, biologische und chemische Waffen, auch ein Kurs bei der Luftwaffe zur Wiederauffrischung der Jet-Kennt nisse. Zwischendurch kam auch wieder ein Bordkommando auf dem Minensucher »Glasserton«.

Auf HMS »Minerva«, einer Fregatte der 2450 Tonnen großen Leander-Klasse, avancierte Charles auf der Fahrt in die Karibische See zum Leutnant z. S. und Alleinverantwortlichen für die mittelschwere Artillerie und die »Seacat«-Raketen. Außerdem war er der Sozialoffizier unter den insgesamt 17 Offizieren, zu dem die Matrosen mit ihren Sorgen und Nöten kamen.

Es war, wie der alte Mountbatten gesagt hatte: Der Prince of Wales lernte die Leute kennen – und diese lernten ihn kennen. »Aber nur den Prince of Wales«, wie ein Kamerad von ihm später anerkennend sagte, »und nichts, aber auch gar nichts über die Familie.« Es soll allerlei Ulk mit ihm getrieben worden sein, auch manch derber Spaß. Doch war sich die Besatzung bewußt, den Thronfolger in ihrer Mitte zu haben. Man hat den Mund gehalten, und nichts ist davon an die Öffentlichkeit gedrungen.

Mit HMS »Jupiter«, auch einem Leander-Zerstörer, ging Charles in der Funktion des Nachrichtenoffiziers im Januar 1974 auf Weltreise; von Singapur aus, wohin er mit dem Flugzeug flog, nach Australien und Neuseeland, dann über die Fidschis, Samoa und Hawaii nach Kalifornien, wo das Schiff im US-Kriegshafen San Diego erst einmal Station machte, um von dem hemmenden Algenbewuchs der Südsee gereinigt zu werden.

Hier zeigte sich die Admiralstochter Laura Jo Watkins von Charles beeindruckt, in Hollywood, einen Tagesausflug die Küste hinauf, der Filmstar Barbra Streisand: »Ein wirklicher englischer Gentleman!«

Daß sein Charakter wirklich von nobler Art ist und sein Humor der typisch englische, zeigte sich auch im Verhältnis zu den Bordkameraden. In all den Monaten engen Zusammenlebens konnte es nicht ausbleiben, daß der eine oder andere auch einmal über die Stränge schlug, was Charles mit der Drohung konterte, den Schuldigen in den Londoner Tower werfen zu lassen. Und tatsächlich – als die »Jupiter«

im April 1974 in Devonport einlief, da wartete schon eine Grüne Minna der Militärpolizei am Pier, riesengroß beschriftet mit »HM Tower of London for officers of HMS Jupiter«. Von Seiner Königlichen Hoheit dem Nachrichtenoffizier, wie den Erschrockenen erst allmählich dämmerte, heimlich per Funk herbeibeordert.

Eine seiner Verantwortlichkeiten war das Flugdeck gewesen. Eigenhändig hatte er die Aufklärungs- und Kampfhubschrauber einzuweisen gehabt. Die Sache reizte ihn. Nun wollte er auch diese spezielle Art des Fliegens kennenlernen.

In 105 Stunden, 45 davon in der Luft, schaffte Charles auf der Marinefliegerschule Yeovilton in Somerset den Flugschein als Hubschrauberpilot – äußerlich erkennbar am »Roten Drachen« am rechten Oberarm – mit der Auszeichnung »Double Diamond« als derjenige Flugschüler, der die raschesten Fortschritte gemacht hatte. Jener Füllhalterständer aus einem Stück Rotorblatt, den ihm die Mitschüler von Yeovilton zum Abschied bastelten, ist heute eines seiner am meisten in Ehren gehaltenen Souvenirs, plaziert mitten auf seinem Schreibtisch.

Es ist diese Marinefliegerei mit überschweren Hubschraubern, bei der er gerne geblieben wäre. Am liebsten hätte er einen der gewaltigen U-Jagd-Helikopter geflogen. Doch sowohl der Hof wie die Regierung sprachen ein Machtwort: Zu gefährlich für einen Erben des Throns! Und daß das keine Übertreibung war, wußte Charles selber am besten, war er doch dreimal durch technische Pannen zur Notlandung gezwungen gewesen.

Er wurde zur Taktischen Hubschrauberstaffel 845 auf den Flugzeugträger »Hermes«, einer NATO-Einheit im Nordatlantikbereich, kommandiert und bekam schließlich, nach einem Kommandantenlehrgang, im Februar 1976 sein eigenes Schiff, die HMS »Bronnington«.

In den fünfziger Jahren gebaut, nur 360 Tonnen groß und nicht einmal sechzig Meter lang, 37 Mann Besatzung, Holzrumpf, war der Minensucher eine der kleinsten Einheiten der britischen Flotte und so unstabil, daß er, wie der abgelöste Kommandant seinen Nachfolger warnte, »selbst noch in betautem Grase zu rollen anfing«.

Prompt ist Charles dann auch seekrank geworden – nach fünf Jahren Marine, in denen ihm selbst Orkane nichts hatten anhaben können. In den zehn Monaten Schipperei in Nordsee und Ärmelkanal, mit Stops auch bei rauhester See, wenn eine geortete Weltkriegsmine durch Taucher unschädlich gemacht werden mußte, sei er, wie er sagt, »gealtert«.

Am 14. Dezember 1976 wurde er von der Luftwaffe zum Geschwaderkapitän (Oberstleutnant), von der Marine zum Fregattenkapitän befördert – und am Tag darauf von seiner Mannschaft – vermittels Rollstuhl, einen Klosettdeckel wie einen Lorbeerkranz um den Hals – mit großem Hallo ins Zivilleben entlassen. Kritiker, die diesen Abschied allzu rauh fanden, wurden belehrt, daß es sich um eine alte Marinetradition handele, die im allgemeinen noch ganz anders praktiziert würde: der scheidende Kommandant turmhoch an einem schwenkenden Ladekran baumelnd.

Der Prince of Wales hat Spaß gehabt mit den Kameraden – und seine Kameraden mit ihm, wurde doch das Einerlei des Bordlebens immer wieder dadurch unterbrochen, daß dem Schiff, welches den Thronfolger an Bord hatte, Sonderaufgaben zuteil wurden. Mal mußten die Bermudas, mal wieder die Fidschiinseln angelaufen werden, damit Charles als Vertreter der Queen Repräsentationspflichten wahrnehmen konnte, und immer waren die Offiziere nicht bloß als Zaungäste dabei.

Andere solche Verpflichtungen – Staatsbesuch in Frankreich, Inspektion seines Waliser Leibregiments in Deutschland, Unabhägigkeitsfeier auf den Bahamas, Krönung des Königs von Nepal – bedeuteten Belastungen, welche Charles zusätzlich zu seinem militärischen Dienst zu übernehmen hatte. Doch wäre es nie für ihn in Frage gekommen, sich davor zu drücken. Im Gegensatz zu seinem Großonkel Windsor (»Quatsch und Zeitvergeudung«) urteilt Charles über Staatsempfänge: »Ich würde nichts daran ändern, denn abgesehen von der Bedeutung der Zeremonie als solcher stellen sie einen bedeutenden und wichtigen Aspekt der Monarchie dar, etwas, das über tausend Jahre hinweg sich entwickelt hat.«

Während des Staatsbesuchs in Frankreich im Mai 1972 hat er – zusammen mit der Königin, die bei dieser Gelegenheit nach 36 Jahren ihren Lieblingsonkel David wiedersah – den Windsor, inzwischen schon achtundsiebzig, am Sterbebett in seinem Heim am Bois de Boulogne besucht. Schon früher hatte er menschliches Verständnis geäußert für dessen Thronverzicht, und so war er es dann auch, der die Herzogin geleitete, als sie, zum erstenmal wieder bei Hofe empfangen, eine Woche später von ihrem in Windsor Castle aufgebahrten Gatten Abschied nahm.

Es scheint, daß überhaupt Charles es war, der den Anstoß zur Aussöhnung gegeben hat. Die Herzogin von Windsor, gefragt, wer ihr Erbe sein würde, hat jedenfalls geäußert: »Alles, was ich besitze, soll an Charles gehen. Er ist derjenige, der mir den herzlichsten Brief geschrieben hat zum Tode meines Mannes, und er kommt mich auch jedesmal besuchen, wenn er in Paris ist.« Das Vermögen, vor allem Juwelen, wird auf acht Millionen Pfund Sterling geschätzt, über 38 Millionen D-Mark.

Aber Prinz Charles ist ohnedies Multimillionär durch das beim Tod seines Großvaters Georg VI. auf ihn überkommene Herzogtum Cornwall: 52 000 Hektar Land, vieles davon nur Ödland, aber auch ein paar nette Hektar, welche im Londoner Stadtteil Hennington liegen und mit Häusern bestanden sind, alles in allem 850 Wohnungen, und von diesen stammt der größte Batzen seiner Einkünfte von umgerechnet circa 2 Millionen Mark jährlich, die im letzten Jahr eine Steigerung von 21,6 Prozent erfahren haben.

Ihm gehören Schlösser und Güter und Bauernhöfe und Austernbänke, der Platz des Surrey-County-Krickettklubs in London sowie das 175 Jahre alte Zuchthaus Dartmoor. Und wenn ein Wal oder ein Tümmler an der Cornwall-Küste strandet, dann gehört ihm nach uraltem Gesetz auch der.

Zwar stehen ihm die Gewinne, die er aus dem herzoglichen Besitz macht, steuerfrei zu – dafür bekommt er keine Apanage und nur einen Ersatz der Spesen, die bei Staatsbesuchen anfallen –, doch gibt er dem Fiskus freiwillig die Hälfte ab (von der anderen Hälfte wird das meiste für Investitionen verwendet). Ebenso hat er auf das Vorrecht verzichtet, keine Grundsteuern zahlen und keine Baugenehmigungen einholen zu müssen.

Nicht zuletzt die Zeit bei der Marine hat Charles erkennen lassen, daß die meisten Vorbehalte gegen die Monarchie ihre Wurzeln darin haben, daß sie Geld kostet. Als anläßlich einer Fuchsjagd zu Pferde Landsleute gegen diesen »blutigen Sport« demonstrierten und die zungenflinke Prinzessin Anne sie unbeherrscht anfuhr: »Wer bezahlt euch dafür?!«, verzog es Charles den Mund, denn die Antwort war voraus

Wie auch die Queen und seine Schwester liebt Prinz Charles Pferde. Er reitet Hindernisrennen als Amateur, spielt Polo als Kapitän seines eigenen Polo-Teams. (dpa)

zusehen: »Keiner – aber *wir* bezahlen *euch*, damit ihr dies hier machen könnt!« Für Prinz Charles geht es nicht an, sich provozieren zu lassen, und am allerwenigsten in Gelddingen.

So hauste er bisher bescheiden in dem vom Steuerzahler unterhaltenen Buckingham Palast: ein Arbeitszimmer, in Braun gehalten, ein Wohn- und ein Schlafzimmer, beide blau, Bad und Kofferkammer, das Ganze im ersten Stock und zur Mall hinaus gelegen, deren Verkehrslärm nicht zu überhören ist. Und wenn auch das Polospiel ein ausgesprochen teures Hobby von ihm ist, so macht er dies durch seine geringen persönlichen Ansprüche wieder wett.

Obstsaft ist ihm lieber als Champagner, ein Omelett lieber als ein Braten, und wenn ihm ein Gastgeber eine besondere Freude machen will, dann braucht er ihm nur Rührei mit Räucherlachs zu servieren, ein Gericht, welches in Hamburger Lokalen im vorderen, billigen Teil einer Speisekarte rangieren würde.

»Ich dien« ist seit über sechshundert Jahren der Wahlspruch eines Prince of Wales, enthalten in seinem »badge« auf dem Bande, welches drei weiße Straußenfedern zusammenhält, und zurückgehend auf den Schwarzen Prinzen, den ältesten Sohn Eduards III., der dies Motto vom böhmischen König Johann von Luxemburg übernommen hatte, dessen Sterben ihm imponierte. Der Engländer, ein Muskelprotz von sechzehn, erschlug ihn, einen Kampfgenossen der Franzosen, 1346 bei Crécy in einer mörderischen Schlacht Ritter gegen Ritter, zu seiner großen Bestürzung feststellend, als er ihm das blutige Visier aufklappte, daß sein Feind schon weißhaarig war – und blind.

Charles: »Ich dien, das ist einmal ein Wort, das genau meint, was es sagt. Es ist überhaupt die Grundlage unseres Amtes: anderen zu dienen. Wenn man ein Gefühl für Pflicht hat, und ich glaube, ich habe eines, dann meint ›dienen‹, daß man sich selber hingibt, vor allem, wenn die Menschen einen brauchen – aber ebensogut auch dann, wenn sie der Meinung sind, sie brauchten einen nicht.«

VIII.
Qual der Wahl

Drei Prinzessinnen, zwei Baronessen und mehr als ein Dutzend anderer blaublütiger Mädchen dürfen den Ruhm für sich in Anspruch nehmen, als erste mit Prinz Charles in Verbindung gebracht worden zu sein – vor 28 Jahren, als er gerade vier war. Eine spätere Kandidatenliste enthält so illustre Namen wie Prinzessin Marie-Christine der Niederlande, Prinzessin Annemarie von Dänemark, die drei Töchter des Herzogs von Northumberland aus der normannischen Familie Percy, welche mit Wilhelm dem Eroberer nach England gekommen ist, die Ladys Caroline, Victoria und Julia, und Lady Georgina Petty-Fitzmaurice. Da war der arme Junge elf.

Die meisten solcher in der Presse angestellten Spekulationen entbehrten jeder Realität. Die Klatschreporter handelten mehr oder weniger wie der Earl Mountbatten einem von ihnen gesagt hatte, als dieser meinte, daß es heutzutage doch wohl hart sein müsse, eine Frau königlichen Geblüts für Englands Thronfolger zu finden: »Du lieber Himmel, da schauen Sie doch bloß mal in den ›Gotha‹!«

Die Eltern hatten von vornherein klargestellt, daß die Zeiten vorbei seien, da königliche Ehen von den Familien arrangiert wurden. Charles sollte aus Liebe heiraten, so wie sie es getan hatten. Wobei Prinz Philip allerdings hinzufügte: »Du wirst selber feststellen, daß die Menschen im allgemeinen innerhalb ihrer Gesellschaftskreise bleiben.« Und Charles hat, als er später einmal darauf angesprochen wurde, wie er sich seine Zukünftige vorstelle, gemeint: »Sie sollte eine gewisse Kenntnis von meinem ›Job‹ haben und einen Sinn dafür, denn schließlich muß ihr ja klar sein, was auf sie zukommt.«

Die Begrenzung der Auswahl war weniger durch die Herkunft als durch bestimmte Grundsätze gegeben, deren

Erfüllung unabdingbar war. Die Frau eines künftigen englischen Königs darf erstens nicht katholisch und zweitens nicht geschieden sein. Prinzessin Margaret Rose – »Charley's Tante«, wie sie sich nach der weltbekannten Komödie gern scherzend nennt – hat ihre große Liebe Peter Townsend 1955 darum nicht heiraten dürfen, weil dieser geschieden war, und als es vor ein paar Jahren hieß, daß die Queen Luxemburgs Prinzessin Marie-Astrid als Schwiegertochter favorisieren würde, da spielten sich selbsternannte Gesetzhüter dermaßen auf, als ob dies die Grundfesten der Anglikanischen Kirche ins Wanken bringen könne.

Ein anderer, in unseren Zeiten noch verstaubter erscheinender Grundsatz: Die Braut darf keine »Vergangenheit« haben, muß unbefleckt sein, lilienweiß! Denn es ist absolut unvorstellbar, daß jemand plauderte, er könne sich vorstellen, wie es im königlichen Schlafzimmer zuginge, weil er über einschlägige Erfahrungen verfüge. So wurde es denn auch als peinlicher Übereifer empfunden, als ein Onkel von Lady Diana gegenüber der Presse kundtat, daß seine Nichte ganz bestimmt noch Jungfrau sei – für die Braut des Prince of Wales war dies einfach selbstverständlich. Und als ein Zwanzigjähriger sich meldete, der Fähnrich James Boughey, er sei mit Diana »so gut wie verlobt« gewesen, hat man ihn nur ausgelacht.

Charles war vierzehn, als er zum ersten Male tat, worauf ganz England wartete (jedenfalls nach Ansicht der Zeitungsleute): sich mit einem Mädchen in der Öffentlichkeit zeigen. Es war im Kino. Der Film hieß »Sound of Music«, das Mädchen Marilyn Wills. Sie war eine Cousine zweiten Grades und ganz gewiß kein »girlfriend«, denn man hat die zwei nie wieder zusammen gesehen. Charles ging ja damals im abgelegenen schottischen Elgin auf die Gordonstoun-Schule.

Dort in Elgin, inzwischen siebzehn, machte er dann mit Sandra Space Bekanntschaft – und damit der ersten der vielen Blondinen in seinem Leben. Tochter des Anwalts im Ort, hatte sie ein paar Jungs der Schule zu ihrer Geburtstags feier eingeladen, um als Tischherren und Tänzer für ihre Freundinnen zu fungieren. »Es ist nicht das allergeringste passiert«, hat sie später versichert, »und es konnte auch gar nicht, denn wir waren alle in ein und demselben Zimmer und mit uns Seiner Königlichen Hoheit Detektive!« In der Tat hat sich Charles weniger mit ihr unterhalten als mit einer Farmerstochter. Doch als er dann – wie längst geplant – für eine Weile an die Timbertop-Schule in Australien ging, da hieß es prompt: »Weggeschickt wegen des Verbrechens, sich verliebt zu haben.«

Der Brief einer Rosaleen Bagge, Charles als ein Teenager von einem Nachbargut von Schloß Sandringham bekannt, war nur als ein Gruß aus der fernen Heimat gedacht, und der Empfänger hat ihn auch nur in diesem Sinne beantwortet, sich dann allerdings, nachdem er wieder zurück war, bei einem dörflichen Hausball mit einer Aufforderung zum Tanz bedankt. Doch wieder wurde die Sache zu einer »Romanze« aufgeplustert, wieder ein Name auf die Liste derjenigen Damen gesetzt, die »als künftige Königin in Frage kämen«.

Die wirkliche »erste Liebe« dürfte dem Prinzen mit knapp zwanzig begegnet sein, als Student in Cambridge. Lord Richard Austen Butler, ehemals Unterhausabgeordneter und Minister in verschiedenen Positionen und seit 1965 Master des Trinity College, saß damals über seinen Memoiren und hatte sich als Hilfe eine in der Politik bewanderte Historikerin aus London geholt, die Tochter des Botschafters von Chile, Lucia Santa Cruz, bildhübsch, sexy, drei Jahre älter als Charles und – diskret.

Später interviewt, ob sie Prinz Charles' Bekanntschaft genossen habe, hat sie spontan geantwortet: »Das dürfen Sie annehmen« – und von da an nur noch, mit herrlich südamerikanischem Akzent: »Ick nicht länger sprecken Englisch!« So sind Lucia und Charles, was immer sie davor gewesen sein mögen, Freunde geblieben. Sie hat ihn gelegentlich besucht, auch mal übers Wochenende auf Balmoral, hat sich dann mit einem chilenischen Rechtsanwalt verheiratet und

Heute noch befreundet ist Charles mit der chilenischen Diplomatentochter Lucia Santa Cruz. Sie gilt als die erste Liebe des Prinzen zu der Zeit, als er Student war. (dpa)

Kinder bekommen; der Prinz ist Patenonkel des ersten.

Was war geschehen? Charles, noch völlig unerfahren, hat gelernt damals – gelernt, daß eine Frau von dreiundzwanzig kein Backfisch mehr ist, gelernt auch, daß die Moral, nach der er erzogen worden war, sich überholt hatte in einer Zeit, da die Frauen auf die Straßen gingen und ihre BHs verbrannten zum Zeichen ihrer Gleichberechtigung. Niemand weiß Genaues, nur: daß Butler den Lernprozeß gefördert hat – er überließ Lucia den Schlüssel zu seinem Gartenhaus, »weil der Prinz meinte, ob ich denn nicht einen Ort wisse, wo man ein bißchen privat sein könne«.

Charles ist von da an nie mehr ohne eine »ständige Begleiterin« gewesen, oder sagen wir so: mindestens eine; denn eine Zeitlang hat es ihm Spaß gemacht, mit einem Mädchen auf einem Apparat zu telefonieren, während ein zweites in der anderen Leitung wartete.

Sybil Dorman, Tochter des General-Gouverneurs von

Malta, Sir Maurice Dorman, war seine Kommilitonin im Fach moderne Geschichte und wie er Akteur beim Amateurtheater der Universität. Sie hat ihn auf Sandringham besucht, war Gast an Bord der königlichen Jacht »Britannia«, als diese zur Feier von Charles' Investitur zum Fürsten von Wales die Caernarvon-Bucht anlief, und seine Begleiterin, als er sich nach diesen anstrengenden Tagen eine Juliwoche lang auf Malta erholte.

Fotoreporter freuten sich diebisch, Sibyl liebevoll den Rücken Seiner Königlichen Hoheit einölen zu sehen, doch hat gerade sie auch die Schattenseiten des »jobs« erfahren. Alle möglichen Bomben walisischer Separatisten in Caernarvon waren entdeckt worden, echte und Attrappen, doch ausgerechnet als man schon aufatmete, traf es einen elfjährigen Jungen. Er spielte Fußball mit dem, was er für eine alte Konservenbüchse hielt, und verlor ein Bein, und Charles hat dann auf Malta von nichts anderem mehr sprechen wollen. Inzwischen gehört auch Sybil Dorman zu den Damen aus Charles' Umkreis, die sich anderweitig verheiratet haben.

Mehr komisch sind die Episoden mit der US-Präsidententochter Tricia Nixon und Monacos Prinzessin Caroline. Die letztere sollte ihm bei Gelegenheit des Staatsbesuchs in Paris zugeführt werden, kam aber gleich zu diesem ersten Rendezvous um eine Dreiviertelstunde zu spät. Charles, ein Pünklichkeitsfanatiker, verzichtete auf einen zweiten Versuch. Auch hatten sie sich – er zweiundzwanzig und bei der Marine, sie ganze fünfzehn – nicht allzuviel zu sagen. Als ihn dann Caroline zu ihrer Hochzeit mit Philippe Junot einlud, da sagte der Prinz mit dem Ausdruck höflichen Bedauerns ab.

Die Sache mit Tricia war von ihr und mehr noch von ihren Eltern durchaus ernstgemeint. Gemeinsam mit Prinzessin Anne zu einem offiziellen Besuch ins Weiße Haus eingeladen, kriegte Charles von Präsident Nixon zu hören: »Meine Frau und ich werden zusehen, Ihre Wege nicht zu kreuzen, also tun Sie ganz, als wären Sie zu Hause.« Womit er genau den falschen Ton getroffen hatte, den, der den Prinzen sich in sein Schneckenhaus zurückziehen läßt, der einmal über die Freunde von ihm gesagt hat: »Sie haben absolut nichts Besonderes – außer einem Gefühl für Takt und Diskretion.«

Die Maßstäbe, die Charles in dieser Beziehung setzt, sind hoch – und fast alle Verbindungen darum wieder auseinandergegangen, weil die Dame ihnen nicht zu entsprechen vermochte.

Da wäre zum Beispiel Bettina Lindsay. Vater Lord Balniel, ein Politiker der Konservativen, Großvater Earl of Crawford and Balcarres, uralter schottischer Adel. Insofern wäre also alles in Ordnung gewesen. Bettina ging mit Charles zum Konzert und ins Theater, ging auch mit ihm in ein Wochenende bei Freunden – aber dann ging sie für ein Jahr zum Studieren nach Paris und trat anschließend mit der schockierenden Mitteilung an die Öffentlichkeit, dort »wie ein Beatnik« gelebt zu haben – Bettina Lindsay, die Freundin des Kronprinzen! Also: Schluß und aus.

Beispiel Angelika Lazensky, die wunderschöne tschechische Gräfin. Vier Tage lang war sie Gast des Prinzen auf Balmoral – vier Tage, welche »glückselige« waren, wie sie die Presse wissen ließ, und als ob es damit nicht schon genug sei auch noch: »Er ist der wundervollste und charmanteste Mann, dem ich je begegnet bin. Aber ob er mich liebt oder nicht, das kann ich nicht sagen. Sie müssen ihn selbst fragen, wie sein Herz empfindet.« – Aus, aus!

Drittes Beispiel: Fiona Watson, Tochter von Lord Manton. Kaum daß Charles sich mit ihr in der Öffentlichkeit hatte sehen lassen, meldete sich ein Verflossener, daß diese 96-58-89-Schönheit durchaus auch dem Mann von der Straße zugänglich sei – ausgebreitet auf sieben gloriosen Farbseiten im Herrenmagazin »Penthouse«. O Gott, nein! Aus!

Und noch ein Beispiel: Jane Ward, im Grunde ein netter, fröhlicher Blondschopf, der selber wußte, daß es mehr als eine Freundschaft mit Charles nicht geben konnte – Jane war geschieden. Doch schien es, als sei die Königin »beunruhigt« wegen dieser Beziehung, und so nahmen sich die smartesten der Presseleute der Sache an.

Jane Ward äußerte sich zunächst völlig geziemend: »Der Prinz und ich wissen beide, daß nichts zwischen uns sein kann, und wir beide akzeptieren diese Situation.« Aber dann, auch für die Reporter überraschend, öffnete sie ihr Herz: »Manchmal denke ich, alles könnte anders sein, wenn ich mich nicht schon mal verheiratet hätte. Denn, nicht wahr, Charles wie auch ich nehmen das Leben, wie's ist. Was ihn betrifft, so ist er ein einsamer Bursche, und er liebt

Viele Frauen haben den Weg von Prinz Charles gekreuzt, solange er Junggeselle war. Zu ihnen gehörte Jane Ward, von der er sich trennte, weil sie ihre Zunge nicht hütete. (dpa)

es zu flirten. Wir necken einander, und manchmal nimmt er mich auch schon mal in den Arm.«

Das Interview ging durch alle Zeitungen, und als die kleine Ward am Wochenende darauf in Cowdry Park erschien, in der Hoffnung, mit Prinz Charles, der dort mit seinem Windsor-Park-Polo-Team spielte, eine Aussprache herbeiführen zu können, da wurde sie vom Chief Inspektor John MacLean, einem seiner langjährigen Leibwächter, abgefangen. Niemand hat gehört, was gesprochen wurde; ein paar wenige Worte nur. Doch als Jane davonlief, war sie in Tränen aufgelöst. Das einzige, was die Reporter erfuhren: »Ich werd' ihn wohl nie wiedersehen.«

Sie ist wenige Wochen später nach Argentinien gegangen, angeblich um einen Film über Polo zu produzieren, doch nie mehr wiedergekehrt. Prinz Charles hatte nie zuvor so brüsk jemand den Laufpaß gegeben, auch nie so in aller Öffentlichkeit. Umgekehrt hat auch er sich jedoch schon manches anhören müssen, was nicht eben zartfühlend war.

Anna Wallace. Fünfundzwanzig Jahre alt, blond – selbstredend blond! – und Tochter des schottischen Gutsherrn Hamish Wallace, wurde sie mit Charles bei Gelegenheit einer Jagd im Herbst 1979 bekannt. Die Beziehung, obschon durchaus intensiv, zog sich ziemlich ein Jahr lang hin, ohne daß mehr an die Öffentlichkeit gedrungen wäre als gelegentlich eine Meldung über ein Zusammentreffen, doch sehen Kenner gerade darin einen Beweis, wie ernst es Charles diesmal war – aus Schaden klug geworden, wollte er die Romanze geheimhalten, um sich ohne die Pression ständiger Artikel mit Anspielungen und Fragen über seine Gefühle klarwerden zu können. So kam der 1. August 1980, kam der Festball in Windsor Castle, mit dem der bevorstehende 80. Geburtstag von Königinmutter Elizabeth begangen werden sollte, und Anna war Charles' offizielle Balldame.

Er war entspannt, fröhlich, charmant und ganz offensichtlich glücklich über einen gelungenen Abend zu Ehren seiner geliebten Großmutter, wanderte umher unter den 250 Gästen, scherzend und lachend, genauso wie von ihm gewohnt und erwartet. Alle Mitglieder der königlichen Familie zogen soviel Gäste wie möglich ins Gespräch, um sie dadurch auszuzeichnen. Doch was Charles anging, so schwamm er schließlich nur noch in der Menge – jene einzelne vergessend, die er doch extra für sich eingeladen hatte. Es sah geradezu aus, als ignorierte er sie.

Und so sah es auch Anna und marschierte auf Seine Königliche Hoheit den Prince of Wales zu und zischte ihn an: »Machen Sie das nie wieder mit mir, Sir! Mein ganzes Leben bin ich nicht dermaßen gemein behandelt worden!« Und während Charles noch nach Worten suchte, fügte sie hinzu: »Niemand darf mich so behandeln – auch nicht Sie!« Machte kehrt und rauschte davon, um wenig später Lord Hesketh's jüngeren Bruder zu heiraten.

Sie war nicht im Recht. Prinz Charles tat nur, was er für seine Pflicht hielt. Doch jene Kenner, die sich Gedanken gemacht haben über seine Beziehung zu Anna Wallace, meinen auch, daß er zuweilen übertreibt damit. Und sie befürchten, daß auch Lady Diana, unkompliziert und offen wie sie ist, ihre Schwierigkeiten haben wird, sich daran zu gewöhnen, daß von ihr erwartet wird, sich immer ein wenig hinter ihrem Gatten zu halten.

Auch die muntere, rothaarige Sarah Spencer, Dianas sechs Jahre ältere Schwester, hat sich Charles durch einige Sätze

Sarah Spencer, lange Charles' Begleiterin, ist sechs Jahre älter als ihre Schwester Diana. Bei einer Jagd im Herbst 1977 hatte sie den Prinzen mit ihr bekanntgemacht. (dpa)

unvergeßlich gemacht, auf die er lieber verzichtet hätte.

Der Skiurlaub, den sie mit ihm und dem Herzogspaar von Gloucester im Februar 1978 in Klosters im schweizerischen Graubüden verlebte, gab zu allen möglichen Spekulationen Anlaß, nicht zuletzt darüber, wieviel Schlafzimmer das Chalet wohl habe. Lady Sarahs Erklärung, daß die Sache zwischen ihr und Charles eine rein platonische sei, beinhaltete die Worte: »Er ist fabelhaft, gewiß, aber ich liebe ihn nicht, wohingegen er eine mehr romantische Seele ist, die sich leicht verliebt.« Und dann kam der Gipfel: »Ich würde nie einen Mann heiraten, den ich nicht liebe, sei es ein Müllkutscher oder der König von England. Wenn Charles mir einen Antrag machte, würde ich ihn ablehnen.«

Fand Charles den Vergleich »nicht ohne Phantasie gewählt«, so war der Nachsatz ein öffentlicher Schlag ins Gesicht – abgewiesen zu werden, bevor man sich überhaupt erklärt hat!

Daß Prinzessin Marie-Astrid von Luxemburg, König Baudouins Nichte, ernsthaft als Prinzenbraut in Erwägung gezogen wurde, ist heute offenes Geheimnis, wenn auch manches an dieser Affäre, in die die hohe Kirchenpolitik hineinspielte, nach wie vor im dunkeln liegt. Man weiß, daß die Queen sogar den Papst besucht hat, um eine Regelung herbeizuführen. Wie hoch die Wogen gingen, läßt sich aus einer Aussage Prinz Charles' entnehmen: »Wenn ich eine Katholikin heiratete, wäre ich erledigt.«

Er hatte immer gesagt, sich bis dreißig Zeit lassen zu wollen mit dem Heiraten (er wollte seine Militärzeit beenden und danach etwas von der Welt sehen), und so betrachtet, bleiben von all den bekannten – und unbekannten – Damen nur zwei, die in die engere Wahl kommen, zufälligerweise enge Freundinnen: Davina Sheffield und Jane Wellesley.

Lady Jane, Tochter des 8. Herzogs von Wellington, eines guten, alten Freunds der Königin, war schon Gast des kleinen Charles bei seinen Geburtstagsfeiern im Palast. Nicht nur ein besonders hübsches Mädchen, sondern auch

Lady Jane Wellesley, Tochter des Herzogs von Wellington, galt lange als Charles' Zukünftige, doch die allzu freimütige Art der Journalistin verschreckte ihn. (dpa)

ein besonders kluges, das später Journalistin bei BBC wurde und heute sogar im Exekutivrat der Pressegewerkschaft sitzt. Doch wie das so ist: Obwohl man sich immer wieder sah, dauerte es lange, ehe man einander wirklich wahrnahm. Das war, als Charles, mit HMS »Norfolk« im Mittelmeer stationiert, die Wellingtons auf ihrem 12 000 Hektar großen Besitz Molino del Rey bei Granada besuchte, eine Erwerbung des »Eisernen Herzogs« in der Zeit, als er sich, bevor er ihn mit Blücher bei Waterloo vernichtend schlug, mit Napoleon in Portugal und Spanien raufte.

Reporter wurden Zeugen, wie die beiden jungen Leute miteinander tändelten, wie die Lady den Prinzen an den Haaren zog und mit Melonen bewarf. »Idiotisch«, kommentierte der Herzog Verlobungsgerüchte, und auch Charles – durch den zweiten seiner Scotland-Yard-Leibwächter Paul Officer – stellte klar, daß es sich um keine Romanze, sondern eine uralte »Kumpelei« handelte. Doch kein Mensch nahm es ihm ab; wo immer die Herzogstochter sich blicken ließ, stellten sich die Leute auf, um ihr als künftiger Prinzgemahlin zu applaudieren.

Was Charles davon Abstand nehmen ließ, sich ihr zu erklären, dürfte ihr Freimut gewesen sein, eine Ehrlichkeit, die nicht immer diplomatisch ist – mit seinen eigenen Worten ausgedrückt: »Mit einigen ihrer Ansichten, mein Lieber, steht sie verdammt links.« Vielleicht hat er – was viele meinen – eine gute Königin verloren, aber einen Freund fürs Leben gewonnen.

Davina Sheffield, als Tochter eines Armeemajors, ist eine Bürgerliche, doch würde das keinen Hinderungsgrund gebildet haben; seit sich seine Tante Prinzessin Margaret Rose mit Tony Armstrong-Jones, dem späteren Earl of Snowdon, und seine Schwester Prinzessin Anne mit Mark Phillips verheiratet hatten, durfte Charles sicher sein, auch selber in dieser Hinsicht freie Hand zu haben.

Es war im Sommer 1976, als die beiden sich kennenlernten – auf einer Party, die Lady Jane Wellesley für Charles gab. Schon bald trafen sie sich. Davina wurde auf Schloß

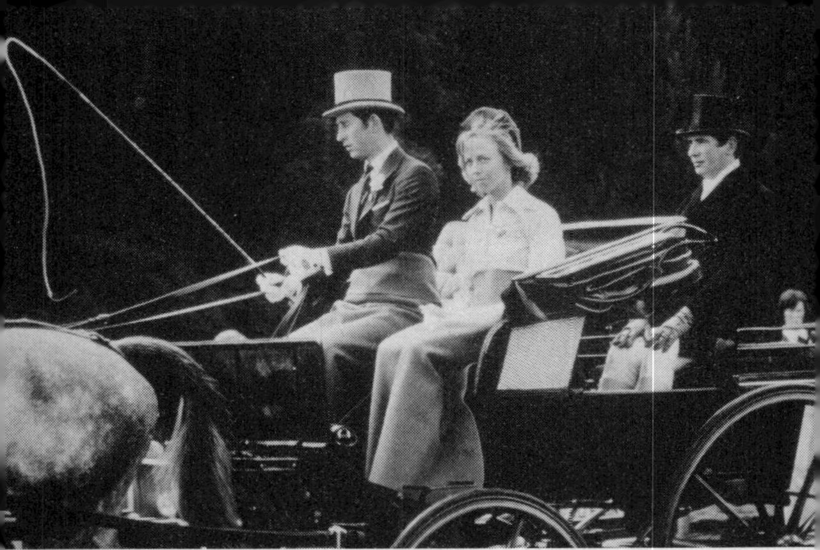

Davina Sheffield war einmal Charles' Favoritin. Aber sie machte den Fehler, die Queen zu brüskieren, als sie sie wegen Übermüdung bei einem Abendessen versetzte. (dpa)

Balmoral eingeladen, wurde das Girl, das sich Charles über seine Koje auf der »Bronnington« heftete – mit einem sehr breiten Lächeln und einem sehr schmalen Bikini.

Doch bevor die Geschichte noch richtig anfangen konnte, war sie schon wieder vorbei – bei jenem allerersten Besuch anläßlich des »bank-hollidays« am ersten Montag im August auf Balmoral. Am Samstag dieses verlängerten Wochenendes wurde Jagd abgehalten, und Charles ließ seinen Gast wissen, daß die Damen mit dem Auto dazustoßen würden, wenn man zur Mittagszeit Picknick hielte. Davina aber wollte mitmarschieren, und auch als Charles ihr erklärte, wie anstrengend das sei, bestand sie darauf. Charles, nach der Weisheit erzogen, daß nichts besser belehrt als eigene Erfahrung, schleppte sie also mit – und bis zum Zusammenbrechen.

Als man sich dann abends zur Tafel setzen wollte, da fehlte Davina; sie lag völlig erledigt im Bett. Und nicht genug damit, daß sie die Königin versetzte, verschuldete sie auch noch, daß es nun dreizehn waren, die übrigblieben. Die Queen, frostig, wie nur sie es sein kann, ließ auch noch Charles' Gedeck abräumen, und als der Sonntag kam, da war Davina, eigentlich ein ganz nettes Mädchen, warmherzig, intelligent und humorvoll, nicht mehr da.

Sie übertrieb die Buße, verließ England und ging nach Vietnam, um sich um Kriegswaisen zu kümmern, und tatsächlich war Charles, der selber sehr sozial eingestellt ist, beeindruckt. Man sah die beiden nach ihrer Rückkehr immer öfter Arm in Arm.

Doch dann passierte etwas ganz Dummes. Charles hatte Davina zum Windsurfen in eine abgelegene Bucht an der Kanalküste bestellt und diese die dort aufgestellte Unterkunft der Rettungsschwimmer aufgesucht, um sich umzuziehen – ahnungslos im Umkleideraum der Männer. Prompt platzte denn auch ein Rettungsschwimmer herein, gerade als sie nackt war. Der Mann war kein Gentleman, der Reporter noch viel weniger, dem er sein Erlebnis brühwarm erzählte. (»Sie zuckte mit keiner Wimper!«)

Die Wellen würden sich vielleicht wieder geglättet haben. Aber da meldete sich jemand, der meinte, eine noch bessere Story für die Klatschspalten zu haben, der Rennbootfahrer James Beard. Er war, bis sie ihn Charles' wegen verließ, mit Davina Sheffield verlobt gewesen – und Mitbewohner eines gemeinsamen Landhauses für annähernd sechs Monate. »Und so kann ich sagen«, ließ er den Thronfolger ironisch wissen, »daß Davina einmal eine gute Königin abgeben wird und eine prächtige Gattin.«

Aus! Wieder einmal und wie schon so oft.

IX.
Tagebuch einer Liebe

Es hatte geregnet, und die Äcker waren tief. Wie immer hatte die Jagdgesellschaft die Damen zum mittäglichen Picknick eingeladen, und als sie über das gepflügte Land heranstiefelten, waren sie naß und lehmverschmiert. Das Mädchen, welches Charles' alte Flamme Sarah Spencer mitbrachte, war groß und von angenehmem Äußeren, doch äußerst scheu, wagte es doch kaum, den Kopf zu heben.

»Meine kleine Schwester, Sir. Erkennen Sie sie wieder?«

»Müßte ich?«

Das Mädchen sah Charles durch dichte Wimpern von unten herauf an, doch die Stimme war fest: »Sie haben mir bei meinen ersten Schwimmversuchen zugeschaut, Sir.«

»Ah, ja?«

»Vor elf Jahren, hier bei uns in Park House. Ich bin Diana.«

Charles nickte. Doch alles, was er noch wußte, war, daß es da so eine Kleine gegeben hatte, die die Spielkameradin seines Bruders Andrew gewesen war, meist aber das Opfer der Streitlust seiner Schwester Anne. Und es war dann nichts als der Wunsch, dies ein bißchen wiedergutzumachen, als er Lady Dianas Arm nahm: »So, dann wollen wir mal die Futtertröge aufsuchen.«

Dies geschah im November 1977, und der Grund, daß Charles sich drei Jahre später daran erinnerte, war der, daß er es satt hatte.

Er ging auf die zweiunddreißig, und das Junggesellendasein, welches so verlockend gewesen war während der Jahre beim Militär, schien immer deutlicher in einer Sackgasse enden zu wollen. Er galt als »Playboy«, schlimmer noch, weniger als »Crownprince« denn als »Clownprince«. Eine gewisse Sorte Frauen betrachtete ihn als Freiwild und ebenso auch eine gewisse Sorte Journalisten.

Beim Skifahren in der Schweiz hatte sich ihm eine ehemalige Schönheitskönigin in den Weg geworfen – »zufällig stürzend« (und zufällig genau dort, wo Pressekameras lauerten), beim Schwimmen in Australien hatte ihn eine Bikini-Schönheit abgeknutscht – »weil sie einfach nicht hatte widerstehen können« (vor allem auch nicht dem Honorar, das von Reportern für die Dreistigkeit ausgeworfen worden war).

Nein, es machte keinen Spaß mehr, und er hatte es satt.

Er hatte immer gesagt, daß er dreißig werden wolle, um zu heiraten, und nun war es ja wohl soweit. Und er hatte auch gesagt, nur eine Frau nehmen zu wollen, für die er etwas empfinde und bei der er sich vorstellen könne, mit ihr zusammen alt zu werden. Es gab nicht viele, auf die das zutraf, eigentlich nur sehr wenige – und wenn man's genau nahm, nur eine einzige ...

Anfang Juli 1980, an einem Freitagabend, klingelte denn also im Spencer-Schloß das Telefon. Prinz Charles persönlich war am Apparat, und er meinte, daß er anderntags in Cowdry Park Polo spiele, und ob Diana nicht zuschauen kommen wolle, wo sie doch nun schon mal in der Nähe sei.

Nun liegt aber die Grafschaft Northampton, wo Althrop Hall steht, durchaus nicht nahe bei Sussex, wo, in dem Landstädtchen Midhurst, der Cowdry-Park-Polo-Club beheimatet ist, vielmehr liegen das riesige London dazwischen und etliche Stunden Autofahrt. Doch eben dies machte den Anruf nachdenkenswert.

Die Schlußfolgerung, zu der Lady Diana kam, ist unschwer zu erraten. Als am Samstag die acht Spieler und der Schiedsrichter einritten, da saß sie in der Klubloge. Nachher traf sich die ganze Gesellschaft, Spieler und Freunde, der Prinz und die Lady, im Hause von Commander Robert de Pass, Charles' altem Freund, zu einem Weekend auf dem Lande.

Niemand hatte von der Spencer-Tochter auf dem Poloplatz Notiz genommen, der Londoner Pressefotograf Arthur Edwards überhaupt nur darum auch sie auf den Film bekommen, weil er gewohnheitsgemäß quer durch die

Reihen fotografierte. Das Bild – Lady Diana mit einem merkwürdig hintersinnigen Blick und dazu passendem Lächeln – verschwand im Archiv.

Ende Juli begab sich die königliche Familie zur Cowes-Woche, dem englischen Gegenstück zur Kieler Woche, vor Cowes, Queen Victorias bevorzugtem Sommersitz auf der Isle of Wight. Fünf Tage lang lag die »Britannia« dort vor Anker, umwimmelt von Booten mit Neugierigen wie ein Dampfer, der in den Suezkanal einläuft, von den Booten mit Andenkenhändlern. Fünf Tage lang schossen die Reporter Bild um Bild vom segelnden Prinz Andrew, vom windsurfenden Prinz Charles, von den Rennboot fahrenden Kindern James und Marina von Prinzessin Alexandra Ogilvy, der Tochter des Herzogs von Kent – aber nicht ein einziges Mal auch ein Bild von Lady Diana, die ebenfalls mit von der Partie war.

Immer nur dann an Deck, wenn die Pressemeute den andern hinterdreinhetzte, ist sie die ganze Zeit keinem Menschen aufgefallen.

Aber dann kam das Wochenende vom 6./7. September. Eine Miß D. Spencer flog am Freitagabend von London Heathrow nach Dyce Airport, dem Flughafen von Aberdeen, ein Flugziel, auf welches die Zeitungsleute ein besonderes Auge haben, weil es der Ausgangspunkt ist für Besuche auf Balmoral, doch wer war schon »Miß D. Spencer«? Eine Unbekannte. Und möglicherweise wäre Diana auch als ein unbekannter, unwichtiger Passagier wieder nach London heimgekehrt, wenn sie zwischenzeitlich nicht einen Fehler gemacht hätte.

Charles und Diana waren beim Fischen am Deen, acht Kilometer oberhalb des Schlosses an einer Stelle, die vor Jahren von Königinmutter Elizabeth als besonders ergiebig entdeckt worden war, als am jenseitigen, öffentlichen Ufer ein Mensch mit einer Kamera auftauchte. Die auf einem Felsen hockende Lady Diana – Schirmmütze, Parka, Gummistiefel, die pluderigen Hosen in die letzteren gestopft – wäre gewiß nicht aufgefallen; irgendwer hockt immer irgendwo, wenn Seine Königliche Hoheit fischt. Aber Diana sprang auf und rannte davon, um sich zu verstecken, den Störenfried im Spiegel ihrer Puderdose beobachtend.

Damit war aus »Miß D. Spencer« ein Mädchen geworden, welches einen Grund hatte, nicht mit Prinz Charles gesehen werden zu wollen – und von da an hatte sie die Presse an ihren Fersen.

Die Reporter waren rührig. Schon am Montag, dem 8. September, erschien das Massenblatt »Sun« mit acht Zentimeter hohen Lettern: »He's in love again! Lady Di is the new girl for Charles.« Daneben war das Bild eines jungen Mädchens mit merkwürdig hintersinnigem Blick, das Bild Dianas vom Poloplatz.

In seinem Artikel schrieb der Hofreporter, was er von einem der Gäste auf Balmoral gehört hatte: »Sie ist ganz offensichtlich bestrickt vom Prinzen, und auch Charles wirkt so fröhlich und zufrieden, wie ich ihn lange nicht mehr erlebt habe. Für Lady Diana bedeutet er die Welt – jedenfalls weicht sie nicht von seiner Seite, außer man sagt ihr, sich doch im Hintergrund zu halten. Dies Mädchen hat etwas von der Art der Königinmutter, wenn man einmal ihre Jugend außer acht läßt. Jeder, der sie trifft, meint, sie sei wundervoll.«

Später, viel später, hat Charles offenbart, daß es an diesem Wochenende gewesen sei, »als wir beide spürten, daß da etwas drin sein könnte in der Geschichte«. Noch in der Nacht ihrer Abreise hat er Diana in London angerufen, zwei Tage später ihr einen handschriftlichen Brief geschickt zusammen mit zwei Dutzend Rosen.

Aber noch einmal glückte es Lady Di – wie sie jetzt allgemein hieß – die Spürhunde abzuschütteln. Am Wochenende des 13. und 14. September war sie erneut oben in Schottland. Diesmal bot das Heim der Königinmutter, Birkhall, Unterschlupf, und es gab lange Spaziergänge durch die Moore – soll gegeben haben, denn niemand hat wirklich etwas gesehen. Charles: »Diese Reise war durchgeplant wie eine militärische Operation!«

Am Montag, dem 15. September, erfuhr die Öffentlichkeit über Charles' »neues Mädchen«, daß es Kindergärtnerin sei und bei gutem Wetter nach Feierabend mit dem Fahrrad durch die Straßen seines Viertels zu radeln pflege. Sie erfuhr auch, daß der Vergleich mit Königinmutter Elizabeth nicht an den Haaren herbeigezogen war.

Diese Lady Di, obwohl erst neunzehn, hatte etwas, das viele andere Freundinnen von Charles nicht gehabt hatten – ein Talent dafür, mit der Presse umzugehen. War Davina Sheffield einmal auf dem Flughafen Heathrow zum Weinkrampf getrieben worden durch die quälenden Reporterfragen und die Neugier der Zuschauer, so gab sich Diana Spencer absolut gelassen: »Sie wissen selber am besten, daß ich nichts über den Prinzen oder meine Empfindungen für ihn sagen kann«, um diplomatisch hinzuzufügen: »Und ich sag' das allein von mir aus, niemand hat mich darum ersucht, meinen Mund zu halten!«

Doch schon bald wurde ihr auf brutale Weise klargemacht, daß sie noch viel zu lernen hatte im Umgang mit Presseleuten. Diana wird die Lektion, die ihr am 18. September 1980 zuteil wurde, nie mehr vergessen.

Nach einem verregneten Sommer einer der ersten schönen Tage, hatte ihn Diana dazu ausersehen, den Wunsch der Fotografen nach ein paar Bildern aus ihrem Wirkungskreis zu erfüllen. Ein, zwei Stunden das Fotomodell spielen zu sollen, das war ihr lieber, als jedesmal »abgeschossen« zu werden, sobald sie vor die Haustür trat.

Sie hatte sich dem Wetter entsprechend angezogen, trug einen mit Herzchen bedruckten Baumwollrock, ein Blüschen und einen ärmellosen Pullunder, um den Hals das bekannte Kettchen mit dem D, und so ging sie, als die Reporter die Aufnahmen im Innern beendet hatten, mit zwei Vierjährigen in den Garten hinaus, setzte sich ins Gras, krabbelte mit den Kindern herum und stellte sich schließlich so auf, daß sie die strahlende Sonne im Rücken hatte, weil die Gentlemen meinten, daß dies dem Haar Glanz, dem

Gesicht einen sanften Effekt gebe. Daß diese Gegenlichtaufnahme auch noch einen ganz anderen Effekt zur Folge hatte, davon sagten die Gentlemen nichts.

Zwei Stunden später, in den Mittagsausgaben, durfte die Nation die Beine ihrer künftigen Königin begutachten – scharf als Silhouette modelliert in einem Rock, der von der Sonne fast weggezaubert war. Und die Nation war angetan davon. Die Beine waren lange, wohlgeformte, kräftige, die unten in weißen Slippern endeten – und oben dort, wo sie's bei allen Frauen tun.

»Mein Gott, ich war so nervös, daß ich überhaupt nicht

Ein berühmt gewordenes Foto: Gegenlicht läßt indiskret Lady Dianas kräftige Beine sehen. Doch England war darüber entzückt, und Prinz Charles hat nur gelacht. (Daily Express/dpa)

mitkriegte, wo ich stand«, hat die Entsetzte den anderen Kindergärtnerinnen erklärt. Der Kommentar, den sie hinzufügt, dürfte historisch werden. »I don't want to be remembered for not having a petticoat.« Das ist Marke Königinmutter: »Ich wünsche nicht, daran erinnert zu werden, keinen Unterrock angehabt zu haben.«

An diesem Tag erfolgte wieder ein Anruf von Charles. Der Prinz hatte das Foto auch gesehen. Er lachte. Eine spätere Erklärung von Diana in dieser Sache hat ihr die Herzen des Volkes endgültig zugetragen. »Ich habe da posiert, weil die Fotografen mich höflich darum baten, und sie hatten ja auch wirklich lange deswegen gewartet.«

Auch in den folgenden Tagen bestürmten Fotografen den Kindergarten im Gemeindehaus am St. George's Square in Pimlico – im wortwörtlichen Sinne: Einer wurde dabei erwischt, als er sich durchs Klofenster zwängte. Diana, unerschütterlich, bat, doch mit diesem Unfug aufzuhören, der nur ihre Arbeit mit den Kindern störe.

Die Presse wußte zu melden, daß zu diesen Kindern das Töchterchen Rachel der Schauspielerin Diana Rigg gehöre. Daß der Prinz und die Lady heimlich sich bei Freunden trafen, vor allem den Tryons und den Parker-Bowles, davon wußte die Presse nichts. Dale Tryon, eine Australierin, und Camilla Parker-Bowles, beide attraktiv, beide in beispielhafter Ehe lebend, beide Mutter, sind die Frauen, deren Rat Charles seit Jahren in Herzensangelegenheiten sucht.

Eine Meldung vom 21. September gab Dianas lakonische Antwort auf eine diesbezügliche Frage wieder: »Ja, ich fahre Ski.« – Woraufhin in der Gerüchteküche flugs ein »bevorstehender gemeinsamer Winterurlaub des Paares« ausgekocht wurde.

Am 25. Oktober endlich wieder einmal etwas Reelles: Diana beim Amateur-Hindernisrennen in Ludlow an der Grenze zu Wales, an dem Charles mit seinem 70 000-Mark-Wallach »Allibar« teilnimmt. Als er Zweiter wird – 263 englische Pfund gewinnend –, tanzt sie vor Freude in ihrer Loge. Charles läßt die Reporter wissen: »Auf halber Strecke kam mir irgendwie die Konzentration abhanden, und ich habe mich ganz schön anstrengen müssen, sie zurückzuerlangen.« – Das Paar verließ den Rennplatz in getrennten Wagen.

26. Oktober: Man ist am Vortage in die Grafschaft Wiltshire hinuntergefahren, wo Andrew Parker-Bowles, ein Offizier des königlichen Haushalts, ein Landhaus besitzt. Der Prinz ist mit dem Herzog von Beaufort jagen gegangen, und als die Herren heimkehren, rennt ihm Diana die Auffahrt entgegen – um blitzartig kehrtzumachen, als sie der lauernden Fotografen ansichtig wird.

Am 27. Oktober, es ist ein Montag, äußert Mrs. Frances Shand Kydd, die seit ihrer Scheidung von Dianas Vater in Oban gegenüber der Insel Mull, hoch oben in Westschottland, zu Hause ist: »Ich glaube nicht, daß ihre Freundschaft mit dem Prinzen mehr als das ist. Die Leute denken da zuviel hinein.«

Am 28. Oktober kommt heraus, daß Charles gerade an diesem Wochenende mit Diana unterwegs war, um ihr sein neues Haus Highgrove in den Hügeln der Cotswolds zu zeigen.

Auch am 2./3. November ist das Paar bei den Parker-Bowles zu Gast. Wieder geht Charles auf die Jagd. Wieder wartet Diana im Hause. Anders ist es diesmal: Sie rennt ihm nicht entgegen.

Am 5. November geben sich 40 Hochwohlgeborene die Ehre, zu einem Festbankett mit anschließendem Ball anläßlich des 50. Geburtstages von Prinzessin Margaret Rose einzuladen. Die Queen kommt, die ganze königliche Familie kommt, auch Lady Diana kommt – in pfirsichfarbener Robe und nebelgrauer Nerzstola.

9. November: Der Butler packt aus! Ainslie Pendrey, 15 Jahre lang im Dienste der Spencers, plaudert im »Mirror«, daß Diana früher immer erzählt habe, Prinz Andrew heiraten zu wollen, »der aber nicht die leiseste Ahnung davon gehabt hat«. Auch sei sie kein Kind von Traurigkeit, wie sich gezeigt habe, als sie einmal bei einer Teenager-Party im

Swimmingpool landete. »Statt zu schimpfen, strampelte sie ihr Kleid herunter, ließ sich ihren Bikini geben und schwamm darin weiter.«

10. November: Oma widerruft! Barbara Cartland, Dianas Stiefgroßmutter, läßt die Zeitungsleser wissen: »Das Mädel ist die Reinheit in Person!«

Am 14. November wird Charles zweiunddreißig; er feiert den Geburtstag auf Sandringahm, mit niemand mehr als Mutter und Vater und ein paar engen Freunden. Wie verlautet, war Diana nicht darunter. Die Königinmutter, heißt es, habe im übrigen ihrem Enkel geraten, ja nichts zu überstürzen.

Am 17. November korrigiert sich die Presse: Lady Di war doch da – ins Schloß geschmuggelt auf dem Boden eines Mittelklassewagens!

Charles fing an, erste Zeichen von Unwillen zu zeigen, als er die ewig lauernden Reporter anblaffte: »Habt ihr denn keine Frauen zu Hause, die auf euch warten?!« Ein paar Tage später wurde auch die Königin böse. Anlaß war eine angebliche Enthüllung im »Daily Mirror«, die als die »Royal Train Story« Pressegeschichte gemacht hat: Charles sollte Diana zwei Nächte hintereinander anläßlich seines Besuchs im Herzogtum Cornwall in seinem Salonwagen empfangen und bis zum Morgen beherbergt haben.

»Dies ist ein nachdrückliches Verlangen Ihrer Majestät«, ließ Michael Shea, der Pressesprecher der Queen, namens der Königin wissen. »Anzudeuten, daß der Prince of Wales den Königlichen Eisenbahnzug für derartige Dinge gebrauchen könne, ist eine Unterstellung, welche einer Beleidigung gleichkommt, ist sie doch absolut unwahr.« Wie aus Hofkreisen zu hören war, war vor allem auch Charles verbittert, der gehofft hatte, bisher zur Genüge demonstriert zu haben, mit dem Gelde des Steuerzahlers nicht seine persönlichen Vergnügungen zu finanzieren.

Dies war am 22. November 1980 – und von diesem Tage an wußte man, daß Ernsteres hinter der Sache steckte als eine Liebelei. Denn noch nie zuvor hatte sich die Queen wegen einer Freundin von Charles engagiert.

Am nächsten Tag, Sonntag, dem 23. November, flog der Thronfolger zu einen zweiwöchigen Staatsbesuch nach Indien. In seiner Abwesenheit kam das Parlament der Königin und Lady Diana zu Hilfe. Sechzig Abgeordnete unterzeichneten eine Erklärung, die die Presse zu mehr Zurückhaltung aufforderte.

Wieder einmal mußte sich der Repräsentant Großbritanniens als »weißes Faschistenschwein« beschimpfen, wieder einmal niederbrüllen lassen: »Charles go home!« Wahrscheinlich hing es mit diesen Erlebnissen zusammen, daß sich der Prinz in Indien familiärer als sonst gegenüber den begleitenden Landsleuten von der Presse gab: »Sie werden frühzeitig verständigt werden, wenn's mal mit dem Heiraten soweit ist, aber tun Sie mir einen Gefallen: Drängeln Sie mich nicht! Wenn's schiefginge, wenn ich in drei Jahren sagen müßte, tut mir leid, aber es klappt nicht, dann wären Sie die ersten, die über mich herfielen.«

Charles war ernster als sonst, schien irgendwie abwesend, aber den stärksten Eindruck, darüber war man sich einig, machte er bei seinem Besuch bei Mutter Teresa, der er als sein persönliches Geschenk 17 Kisten mit Medikamenten nach Kalkutta mitgebracht hatte. Mit tränennassen Augen ging er durchs Waisenhaus, mit Mutter Teresa zusammen betete er in der Hauskapelle. Hofberichterstatter Harry Arnold: »Ich glaube, daß der Indienbesuch Charles geholfen hat, sich darüber klarzuwerden, was er mit dem Rest seines Lebens anfangen will!«

Für etliche Wochen nach seiner Heimkehr sah es so aus, als gingen sich er und Diana aus dem Wege. Kein gemeinsames Auftreten wurde vermeldet. Als Weihnachten kam, lag die Lady mit einer Grippe zu Bett. Niemand wußte davon, im Gegenteil rechnete man mit einer Verlobung unterm Christbaum, und so kam es, daß sich ungleich mehr Presseleute als in früheren Jahren an den Feiertagen vor Sandringham versammelten.

Die königliche Familie reagierte mehr als abweisend. Zum

erstenmal in ihrer gesamten Regierungszeit explodierte die Queen: »Ich wünschte, Sie alle würden verschwinden!« Charles ließ die frierenden Reporter höhnisch wissen: »Ich möchte die Gelegenheit gern benutzen, Ihnen ein gutes neues Jahr zu wünschen – und Ihren Herren Verlegern ein extrem schlechtes!«

Am 8. Januar 1981 sah man Diana und Charles zum erstenmal wieder beisammen – zum zweiten Male sein Landhaus Highgrove in Augenschein nehmend, Lady Di mit einem Köfferchen bei sich und einem transportablen Plattenspieler.

Der 14. Januar war dann ein ganz besonderes Datum: Diana fuhr nach Sandringham – doch nicht als Gast von Charles, sondern auf Einladung der Königin. Nur vier Personen trafen sich in Wood Farm, einem kleinen Ziegelhaus im hinteren Teil des Sandringham-Besitzes, die Queen und Prinz Philip, Lady Diana und Prinz Charles, und als sich die Herren mit ihren Jagdflinten verzogen, da blieben Charles' Mutter und Charles' Mädchen allein ...

Am Wochenende darauf, wieder auf Sandringham, brachte der Prinz Diana mit Schwester Anne und Schwager Mark Phillips zusammen, die in der Nähe von Highgrove den Herrensitz Gatcombe bewirtschaften und dort Pferde züchten. Er konnte nicht sicher sein, wie die Damen sich verstehen würden; als Kind war die schüchterne Diana von der Älteren immer nur gehänselt worden. Außerdem läßt Prinzessin Anne nur Menschen gelten, die ihre Pferdevernarrtheit teilen, wohingegen Diana kein Roß mehr bestiegen hat, seit sie beim ersten Reitversuch herunterfiel. Doch die beiden Frauen verstanden sich auf Anhieb. Wieder war ein Problem gelöst, und Charles konnte am 23. Januar zufrieden in den Skiurlaub fliegen. Allein.

Am Samstag, dem 7. Februar, verhalfen Eingeweihte Lady Diana, ihrer Mutter und ihrem Stiefvater von London abzufliegen, ohne daß es jemand gewahr wurde. Ziel war die Good Hope Farm in Australien, wo Peter Shand Kydd Rinder und Schafe zieht. Doch bevor die Reporter drüben noch Witterung aufnehmen konnten, war Diana schon wieder weg.

Am 20. Februar war sie in Highgrove – und blieb dort über Nacht –, am 21., einem Samstag, fuhr sie mit nach Lambourn in der Grafschaft Berkshire, wo Charles den inzwischen elfjährigen »Allibar« trainieren wollte. Sofort strömten wieder die Fotografen zusammen. Doch irgendwas schien schief gelaufen. Charles und Diana blieben im Haus von Trainer Nick Galee, und als sie es endlich doch verließen, da wirkte Diana verweint, der Prinz völlig fassungslos.

Erst als das Paar fort war, erfuhren die Journalisten, was geschehen war. »Allibar« war tot. Zum Schluß des ersten Galopps fing er plötzlich an zu zittern, und kaum daß Charles aus dem Sattel war, brach der Wallach zusammen. Den Kopf des sterbenden Tieres im Arm, wartete Charles auf den Veterinär, doch als der Arzt kam, was es schon vorbei. Herzschlag. Charles konnte nur noch sein Mädchen an sich ziehen, dem die Tränen nur so über die Wangen strömten.

Man weiß inzwischen, welche Bedeutung dieses Begebnis für den Fortgang der Geschichte gehabt hat; denn Lady Diana hatte einen Reporter wissen lassen, daß sie ihm am Dienstag, dem 24. Februar, in ihrem Kindergarten für ein Interview zur Verfügung stehen würde. Aber sie ist nie wieder dorthin zurückgekehrt. Am Abend des 23. Februar sah sie die Queen in Buckingham Palace, am besagten Dienstag, Punkt 11.00 Uhr, veröffentlichte der Hof das in solchen Fällen übliche Statement, in dürren Worten mitteilend: »Es geschieht mit der größten Freude, daß die Königin und der Herzog von Edinburgh die Verlobung ihres geliebten Sohnes, des Fürsten von Wales, mit Lady Diana Spencer, Tochter von Earl Spencer und der Ehrenwerten Mrs. Shand Kydd, bekanntgeben.«

Der Pressesprecher erweiterte die Nachricht, während schon die Fernschreiber heißliefen, um die Mitteilung: »Die Hochzeit wird im Sommer stattfinden.«

Während Lady Diana in der Old Brompton Road ihre Sachen zusammenpackte, um sich unter die Fittiche der

Königinmutter nach Clarence House zu begeben, erzählte Virginia Pittman, eine von den »vier Musketieren«, die sich die Spencer-Wohnung geteilt hatten, der Presse: »Hier, hier mit mir auf dem Bett hat sie gesessen, als sie uns eröffnete, daß sie Prinz Charles heiraten würde, und sie hat gelächelt, und wir anderen haben losgekreischt, und dann haben wir alle geweint.«

Das schönste der offiziellen Verlobungsfotos von Charles und Diana. Charles' Ring besteht aus einem blauen ovalen Saphir, der umgeben ist von vierzehn lupenreinen Diamanten. (London Express)

X.
Albumblätter

Die Braut fröstelte, als sie durch die Kirche schritt. Aber es war nicht wegen der feuchten Kühle, die dem Gemäuer von Westminster Abbey wie allen Bauten Londons, welche früher von der Themse aus, der eigentlichen Verkehrsader der schon im Mittelalter riesigen Stadt, zugänglich waren, innewohnt, sondern aus Angst. Prinzessin Anne war sich nicht sicher, ob ihr Bräutigam sich auch richtig benehmen würde. Der Gardehauptmann Mark Philipps ist, sagen wir, nicht eben aus dem Holze, aus dem man Nobelpreisträger schnitzt, ein Reitsportler, ein Mensch mit »Pferdeverstand«. (Weshalb er auch schon bald nach der Verlobung in der Familie einen diesbezüglichen Spitznamen erhielt – »fog«, der Nebel, nämlich zäh, feucht und schwer zu durchschauen.)

Anne jedenfalls fand es besser, ihm immer wieder Tips zuzuflüstern: »Vergiß die Verbeugung vor der Königin nicht! Und grüß den Herzog von Edinburgh!« Der frischgebackene Ehemann reagierte mit amüsiertem Grinsen. Aber für die Fernsehkameras sah es aus wie ein Lächeln des Glücks. Und so hat denn auch Mark Phillips dazu beigetragen, daß diese Westminster-Trauung eine »Bilderbuchhochzeit« wurde.

Westminster Abbey als Kulisse hochherrschaftlichen Ringewechselns ist übrigens noch gar nicht so lange im Schwange. Die letzte Hochzeit eines Königssohns fand hier im Jahre 1269 statt. Von da an war dies nur noch die Grabes- und Krönungskirche der englischen Könige; ihre Trauungen ließen sie im privatem Rahmen vollziehen, in den Königlichen Kapellen von St. James's Palace und Windsor Castle – und abends.

Erst Queen Victoria brach mit dieser Tradition. Als sie im Februar 1840 ihren deutschen Vetter Albert heiratete, geschah es um ein Uhr mittags, und sie ließ auch schon die Öffentlichkeit daran teilnehmen, indem sie vom Buckingham-Palast nach St. James' fuhr – ganze vierhundert Meter. Die Mehrzahl der Spalierstehenden dürfte die Neugier mit Schnupfen gebüßt haben, denn der Tag war stürmisch, und es goß in Strömen.

Es war eine Brautjungfer Victorias, welche die Tradition der Westminster-Hochzeiten einleitete, ihre Enkelin Patricia, Tochter des Prinzen Arthur, Herzogs von Connaught and Strathearn, und der Preußenprinzessin Louise. Schön, künstlerisch hochbegabt und als eine »Demokratin« auch in Amerika bekannt geworden, als ihr Vater Kanadas Generalgouverneur war, hatte sie die mehr als 13 Jahrhunderte alte Abtei nicht etwa aus Prunksucht gewählt, sondern im Gegenteil aus Bescheidenheit. Sie fühlte sich nicht würdig für eine Königliche Kapelle, war doch ihr Auserwählter, der Marineoffizier Sir Alexander Ramsay, strenggenommen nur ein Bürgerlicher.

Es gab denn auch keinerlei Flaggenschmuck, keine Dekorationen. Doch gab es etwas anderes, und das war zweifellos noch viel schöner – eine unübersehbare Menschenmauer, und diese Leute, die trotz der Winterkälte stundenlang ausgeharrt hatten, wollten sich schier die Seele aus dem Leib jubeln. Es waren nicht nur Verehrung und Zuneigung zur volkstümlichen »Princess Patt«, die kurz zuvor bekanntgegeben hatte, den Titel »Königliche Hoheit« aufgeben und sich in ein bürgerliches Leben zurückziehen zu wollen, die die Menschen dazu brachten. Etwas anderes kam hinzu. Man schrieb 1919, und das Volk sah in dieser öffentlichen Trauung eine willkommene Gelegenheit, die grimmigen Kriegsjahre demonstrativ dem Vergessen anheimzugeben.

Drei Jahre später, im Februar 1922, war es dann ein echtes Königskind, welches in Westminster Abbey den Bund fürs Leben schloß. Georg V. und Queen Marys drittes Kind, Prinzessin Mary heiratete den späteren 6. Earl of Harewood Henry Lascelles aus dem Webereizentrum in Yorkshire. Sie hatte acht Brautjungfern, darunter eine bildhübsche, schlanke Schottin von einundzwanzig, von der man munkelte, daß der Herzog von York, der zwei Jahre ältere, überaus schüchterne Bruder der Braut, ein Auge auf sie geworfen habe – Lady Elizabeth Bowes-Lyon.

An der Hochzeitstafel in Buckingham Palace saßen die zwei dann auch tatsächlich nebeneinander, und auch als die Gesellschaft dem in die Flitterwochen davonkutschierenden Paar Adieu zuwinkte, hatten sie sich beiseite gestellt. Was Prinz »Bertie« betraf, so war er ganz augenscheinlich verliebt. Aber er benötigte dann doch noch volle elf Monate – und einen heimlichen Spaziergang zu zweit –, um sich zu eröffnen.

Acht Brautjungfern war keineswegs Rekord. Queen Mary – unvergeßlich durch ihre »königliche« Haltung und die silberfarbenen Löckchen –, die 1893 den künftigen König Georg V. heiratete (in der Schloßkapelle von St. James's), hatte zehn Brautjungfern, allesamt Prinzessinnen königlichen Geblüts – und eine davon, die erst achtjährige Victoria-Enkelin Alice, vom Schicksal dazu bestimmt, Mutter eines Prinz Philip zu werden, Großmutter eines Prinz Charles . . .

Queen Victoria aber setzte, wieder einmal, allem die Krone auf – mit zwölf Brautjungfern und einer Schleppe von fast sechs Metern Länge. Sie blieb die Ausnahme. Als Königinmutter Elizabeth ihren »Bertie« heiratete, im April 1923, da waren es wieder acht Brautjungfern, und dies ist die Zahl, bei der es zu bleiben scheint.

Charles' Schwester Anne, auf eine »bescheidene« Hochzeit nach ihren eigenen Ideen aus, begnügte sich mit ihrem Bruder Edward und ihrer Nichte Lady Sarah Armstrong-Jones, der Tochter von Prinzessin Margaret Rose, als Pagen, untersagte ihnen aber, Schleier oder Schleppe auch nur anzurühren. Selber sechsmal in ihrem Leben Brautjungfer, wußte sie aus eigener Erfahrung, was alles passieren konnte. »Um Himmels willen, ich kriegte Zustände mit so einem Haufen unkontrollierbarer Kinder hinter mir, von denen ich nicht weiß, was sie gerade treiben!« Außerdem hatte sie genug damit zu tun, ihren Mark heil durch die Klippen des

Hofzeremoniells zu lotsen.

Prinzessin Marina von Griechenland und Dänemark hatte die besagten acht Brautjungfern, als sie den Herzog von Kent, Lady Montagu-Douglas-Scott ebenfalls acht, als sie den Herzog von Gloucester, beides jüngere Brüder von »Bertie«, heirateten – die letztere übrigens wieder unter Ausschluß der Öffentlichkeit und in der Privatkapelle des Buckingham Palastes, weil kurz zuvor überraschend ihr Vater gestorben war. Dies war dann eine der letzten Veranstaltungen dort. Anfang des Krieges wurde noch die holländische Prinzessin Irene, mit ihrer Familie auf der Flucht vor den deutschen Truppen, in der Royal Chapel getauft, dann fiel diese Fliegerbomben zum Opfer.

Die Hochzeit der Queen mit dem Herzog von Edinburgh am 20. November 1947. Links von der Braut ihr Vater Georg VI., rechts neben dem Bräutigam sein Onkel Earl Louis Mountbatten. Die Schleppe tragen die Prinzen von Gloucester und Kent. (Central Press/dpa)

Eine der schönsten Westminster-Hochzeiten war ohne Frage die von Queen Elizabeth am 20. November 1947. Als sie mit Prinz Philip auf der obersten der fünf zum Altarraum führenden Stufen auf gold-rotem Damastkissen niederknieten, da waren nur zwei Buben hinter ihr, die den von der Brautkrone wallenden, sternbestickten Schleier hielten – unvergeßlich: die neunjährigen Prinzen von Gloucester und Kent in Schottenröcken im Stuart-Karo. Doch es gab auch die nun schon obligatorischen acht Brautjungfern, die die zwei später, wenn auch nur ein paar Dutzend Schritte lang, ablösten.

Prinzessin Margaret Roses acht Brautjungfern waren kleine Mädchen mit dem ersten langen Kleid, der ersten Dauerwelle ihres Lebens, angeführt von ihrer Nichte Anne, damals noch nicht einmal zehn.

Margaret Rose hatte gute Gründe, dieser Trauung einen besonderen Rahmen zu geben. Lange genug hatte sie ein Verhalten an den Tag gelegt, welches von ihrer Erzieherin Marion Crawford einmal vorsichtig mit »Maggie verachtet höfisches Gepränge« umschrieben worden war, und es kam ihr nun darauf an, zu zeigen, daß die wilden Jahre vorbei seien.

Auch wollte sie mit einer pompösen Hochzeit sich selber Mut machen, gibt es doch eine uralte Sage, was die Mädchen betrifft, die auf Schloß Glamis im Schottischen geboren werden: »Das Schicksal will, daß sie den Ehemann finden, ehe zum zwanzigsten Male der Herbst mit Sturmgebraus über Forfarshire weht, oder aber nie.« – Margaret Rose war fast dreißig, als sie Tony Armstrong-Jones heiratete. Alt genug, um zu wissen, daß sie nicht die Frau war, der das Glück in den Schoß fiel.

Glamis Castle – zweieinhalb Meter dicke Mauern, das Portal so schmal, daß es immer nur einer Person Einlaß gewährt – ist seit dem 14. Jahrhundert Sitz des Geschlechts der Bowes-Lyon und dasjenige unter den Schlössern der Insel, das am meisten von Gespenstern heimgesucht wird, insgesamt neun – darunter einem so schauerlichen wie der

»Frau ohne Zunge«, die, mit blutigen Händen in ihrer leeren Mundhöhle wühlend, im Vorhof spukt. Als Margaret Rose hier zur Welt kam, am 21. August 1930 abends um halb zehn, da zog sich nach einer Schönwetterperiode überraschend ein furchtbares Gewitter zusammen, und Abergläubische wollen in den Mooren feixende Gnome haben tanzen sehen.

»Die Prinzessin ist wahrlich nicht abergläubisch«, meinen Freunde von ihr, »aber es ist doch auffällig, daß sie Glamis nie besucht.« Nach Margaret Roses Scheidung 1978 sind auch aufgeklärtere Briten überzeugt davon, daß es mit dem »Fluch von Glamis« etwas auf sich habe. Lord Snowdon jedenfalls, wie ihr Mann seit 1961 heißt, gilt allgemein als ein patenter, umgänglicher Mensch, mit dem durchaus auszukommen ist. Charles ist nach wie vor eng mit ihm befreundet.

Ein Mitglied der königlichen Familie hat aus eigenen Stücken darauf verzichtet, in Westminster Abbey getraut zu werden, ein anderes ist durch die Herzlosigkeit antiquierter Gesetze dazu gezwungen worden. Der erste war Prinz Richard von Gloucester, der jetzt die Herzogswürde hält. Als er Birgitta van Deurs zur Frau nahm, ein Mädchen aus Dänemark, hoch intelligent und blendend aussehend, dem er während seiner Studentenzeit in Cambridge begegnet war, da tat er's in einer Dorfkirche in der Nachbarschaft von Barnwell Manor, dem Gloucester-Sitz – und mit einem Schirm zur Seite, weil es ein regnerischer Tag war und man den Spalier stehenden Dörflern versprochen hatte, das Stückchen zum Schloß zu Fuß zu gehen.

Der andere war Prinz Michael von Kent – der mit dem Stuart-Kilt und den hoffnungslos rutschenden Söckchen bei Elizabeths II. Hochzeit –, der fünfunddreißig hatte werden müssen, bevor er die Richtige gefunden zu haben meinte, und gerade er und seine Braut hatten sich eine weiße Hochzeit mit großem Gepränge sehnlich gewünscht.

Doch die Gräfin Marie-Christine von Reibnitz wurde nicht für würdig befunden, im bräutlichen Weiß vor den Altar zu treten. Sie war Katholikin, schon einmal verheiratet gewesen, und wenn der Papst auch die Ehe annulliert hatte, so mochte er doch nicht die Erlaubnis geben für eine Wiederverheiratung in einer römisch-katholischen Kirche. Die Anglikanische Kirche wiederum erinnerte daran, daß jemand, der britische Thronrechte besitze – die von Prinz Michael lagen rangmäßig erst an sechzehnter Stelle! –, auf gar keinen Fall eine Katholikin heiraten dürfe. Und so verzichtete er denn auf diese Thronrechte, und man ließ sich im Wiener Rathaus standesamtlich trauen.

Die unleidliche Affäre war für Prinz Charles Anlaß, öffentlich laut darüber nachzudenken, ob Christen denn nichts Besseres zu tun hätten, als durch Herumreiten auf unzeitgemäßen Doktrinen »unnötige Quälereien« zu bewirken, und beeindruckte damit den Erzbischof von Canterbury, Dr. Ramsey, so, daß er dem Paar persönlich seinen Segen gab, wenn auch nicht in Westminster Abbey, sondern in der Hauskapelle von Lambeth Palace, der Londoner Residenz der Erzbischöfe von Canterbury am anderen Ufer der Themse, Westminster gegenüber.

Es ist die dreihundert Jahre alte Bill of Rights, welche einem Thronberechtigten die Heirat mit einem Mitglied der römisch-katholischen Kirche verbietet, während sie ihm nach dem Royal Marriages Act von 1772 sogar ganz und gar untersagt sein kann, wenn nämlich der Souverän seine Erlaubnis nicht erteilt und auch Ober- und Unterhaus des Parlaments sie verweigern. Als Prinzessin Anne heiratete, trat extra der Staatsrat dafür zusammen, und es kam zu einem Schriftwechsel zwischen Premierminister Edward Heath und der Queen, in dem dieser sie offiziell »beriet«, die Heiratserlaubnis gemäß Gesetz zu erteilen, und sie ihm ebenso offiziell antwortete, »dem Rate entsprochen« zu haben.

Zwei Tage vor dem großen Tag gaben Braut und Bräutigam ein dreiviertelstündiges Fernsehinterview. Sie erzählten, die Prinzessin mit der an ihr gewohnten Selbstsicherheit, Mark Phillips sehr nervös, wann sie einander zum erstemal getroffen, wie sie sich verliebt hätten. Mehr oder

Die königliche Familie vor Balmoral Castle in Schottland im Jahre 1972. (Syndication International)

Königinmutter Elisabeth und Prinz Charles im Ornat eines Ritters des Hosenbandordens. (dpa)

◀ *Der Prinz als Hubschrauberpilot bei der Ausbildung 1975 in Yoevilton in Somerset. (dpa)*

Charles (Mitte) wurde Fallschirmjäger, um sich vor sich selbst zu beweisen. (dpa)
▼

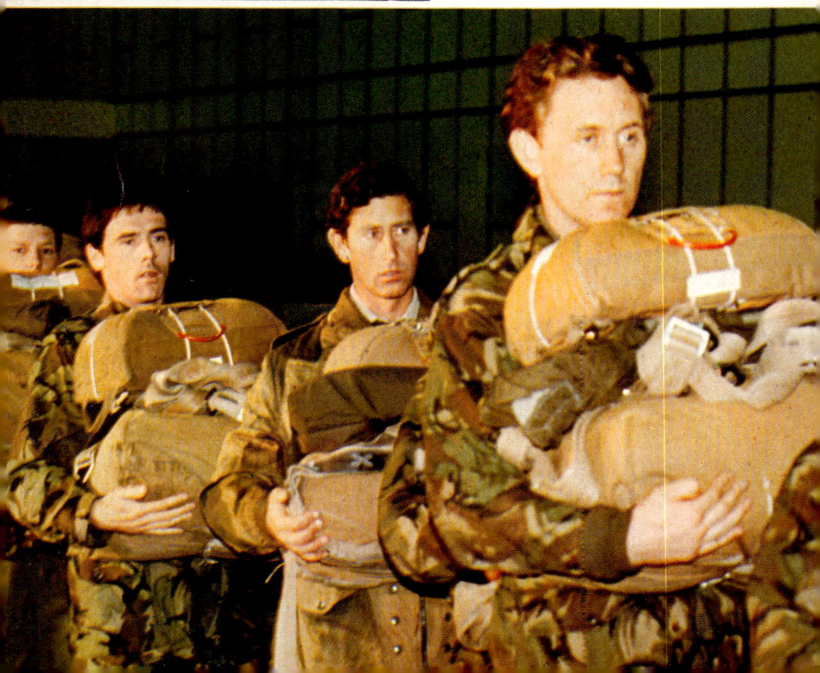

Ein seltenes Bild: Prinz Charles mit Vollbart. (dpa)

Prinz Charles als Offizier der Garde. (dpa)

Parade der Welsh Guards, bei denen Charles den Rang eines Obersten innehat. (dpa)

Prinz Charles als Fregattenkapitän beim Staatsbesuch in Westafrika 1977. (dpa)

Mutter Teresa, die Charles 1980 in Kalkutta besuchte, hat einen starken Eindruck auf ihn gemacht. (dpa)

Vom Balkon des Buckingham-Palasts grüßen Königinmutter Elisabeth – in ihrer Lieblingsfarbe Blau –, der Thronfolger und Prinz Andrew, Königin Elisabeth II. und Prinz Philip. (dpa)

»Darf ich die Hand meiner künftigen Königin küssen?« sagte der Schüler Nicholas Hardy und tat's, ohne die Antwort erst abzuwarten. (Central Press)

Ein Kleid, das Aufsehen erregte, trug Lady Diana bei einem Empfang von Fürstin Gracia Patricia von Monaco in London. (Syndication International)

weniger bekannt war, daß Mark, als Reiter auch vorher öfters mit Anne im gleichen Team, ihre besondere Aufmerksamkeit erst erregte, nachdem er bei den Olympischen Spielen von München mit der englischen Military-Mannschaft die Goldmedaille gewonnen hatte; unbekannt, und zwar auch den Brautleuten selber, daß sie einander schon bei der 14 Jahre vorher in London abgehaltenen Olympiade begegnet waren. Die Prinzessin war damals von ihrer Großmutter zu einer Teilnehmerparty mitgebracht worden – »eine kesse kleine Motte von acht«, wie es Mark Phillips beim Rückerinnern dämmerte.

Gerade seine unverklemmte Art war es, die das Programm davor bewahrte, allzu seriös zu werden. Auf das weltweite Interesse angesprochen, das die Hochzeit fand, sinnierte er, eine Flut zustimmender Telefonate im Studio auslösend: »Jeden Tag, wenn die Leute die Zeitung aufschlagen, lesen sie was von einem neuen Skandal, einer neuen Katastrophe, und ich glaube, daß sie das einfach zur Erholung brauchen, auch mal von etwas Gutem, etwas Glücklichem zu hören.«

Der Himmel selber spielte mit. Es war heiter, sonnig, warm – an einem sonst trübseligen 14. November. Mark Phillips trug die scharlachrote Paradeuniform der 1. Queen's Dragon Guards (»Zum erstenmal in meinem Leben!«), Prinzessin Anne, wieder einmal ihren eigenen Kopf beweisend, keine Anfertigung des Hofcouturiers Norman Hartnell, sondern ein Kleid – betonte Prinzeßform, Stehkrägelchen –, welches ihr von der Londoner Modistin Maureen Baker geschneidert worden war.

Auch die Stimmung in der Abtei, die durch ihre vielen Grab- und Denkmäler für große Engländer weniger eine Kirche denn ein Ruhmestempel ist, war eine heitere, denn die 1500 Zuschauer waren nicht wie sonst Könige und Staatsoberhäupter, die Creme des Diplomatischen Corps, sondern ausschließlich geladene Gäste: Soldaten, Diener, Palastsekretärinnen, Schauspieler, der Bäcker, der Apotheker und der Schankwirt aus Great Somerford, wo Mark Phillips' Geburtshaus The Mount steht, dazu Hufschmiede,

Pferdeknechte, Tierärzte, Sattler.

Prinzessin Anne hatte ihre »ganz eigene Hochzeit« haben wollen – selbst hier im altehrwürdigen Westminster –, und sie sollte sie bekommen. Denn war es noch eine Prozession, welche Königin und Prinzgemahl anführten, als die Feierlichkeiten zu Ende waren, so marschierten die Menschen, die hinter ihnen kamen, schon trällernd Arm in Arm, denen der Regimentsmarsch von Mark Phillips' Gardedragonern in die Beine gefahren war, Vater Strauß' mitreißender Radetzkymarsch.

Die Bilder gleichen sich, das Zeremoniell der Trauung ist das althergebrachte (wozu auch gehört, daß Braut und Bräutigam vom Priester beim Vornamen angeredet werden), der Rahmen einer königlichen Hochzeit durch die roten Gala-Uniformen der Gardisten bestimmt – die weißen Federbüsche auf ihren Goldhelmen alle übrigen Köpfe überragend –, und immer hat die Queen, so sie Gast ist, den ersten Platz in der Stuhlreihe vom Beschauer aus rechts vorm Altar. Variationen gibt es bei der Musik, die dem Geschmack des Brautpaares überlassen bleibt. Anne und Mark Phillips beispielweise wurden beim Einzug in die Kirche mit einer eigens zu dieser Gelegenheit komponierten Fanfare von Sir Arthur Bliss begrüßt, dem damals schon zweiundachtzigjährigen »Master of the Queen's Music«, ihren Auszug begleitete Orgelmusik von Widor.

Und da ist noch etwas, das sich zwar als Brauch etabliert hat, aber doch auch eigene Entscheidungen zuläßt: der Brautstrauß – und was mit ihm zu geschehen hat.

Queen Victoria war die erste, die einen Zweig Myrte in ihrem Bukett hatte, und seitdem hat es jede königliche Braut so gehalten. Und was auch immer mit den Blumen geschieht, dieser Myrtenzweig hat an den Gärtner der Royal Lodge auf dem Besitz Winsor zu gehen – heute ist sie Königinmutter Elizabeth überlassen –, und mittlerweile ist dies schon so oft geschehen, daß ein ganzer Hain hat angelegt werden können, das »Liebeswäldchen«.

Auf Prinzessin Mary, die 1922 als eine der ersten in

Westminster Abbey heiratete, geht eine andere Brautstraußsitte zurück. Auf dem Rückwege von der Kirche zum Palast ließ sie, als man durch Whitehall kam, den Zug aus einer Eingebung heraus anhalten und ihren Begleitoffizier das Brautbukett am Ehrenmahl der Kriegsgefallenen niederlegen. Königinmutter Elizabeth erinnerte sich daran, als sie im Jahr darauf Prinz »Bertie« heiratete. Westminster betretend – ihr Strauß einer aus weißem Heidekraut und weißen Rosen, jenes aus ihrer schottischen Heimat, diese aus York, dem Herzogtum des Bräutigams –, schwenkte sie ab, um die Blumen am Grabmal des Unbekannten Soldaten niederzulegen und mit leeren Händen an den Altar zu treten.

Das gleiche hat dann ein knappes Vierteljahrhundert später auch ihre Tochter getan – mit jenen Myrten und Orchideen, die eine Viertelstunde zuvor noch Braut und Brauteltern, ja den ganzen Hof in Panik versetzt hatten, weil die sich nicht finden lassen wollten. Auch diese Myrte ist heute Teil des »Liebeswäldchens« und groß geworden zum Busch.

XI.
Rosarote Zeiten

Das Problem, wo es ungestörte Flitterwochen verbringen könne, ist das kleinste, das auf das Brautpaar zukommt. Schon Charles' Eltern sahen sich damit konfrontiert. Als Elizabeth und Philip nach ihrer Hochzeit am 20. November 1947 auf Broadlands, dem Herrensitz der Mountbattens in Hampshire nordwestlich von Southampton, Flitterwochen verleben wollten, da strömten so viele Schaulustige zusammen, daß sie sich schließlich ins schottische Hochland flüchteten, obwohl es dort schon winterlich kalt war.

Prinzessin Anne und Mark Phillips gingen allem Trubel aus dem Wege, indem sie sich schon am Tag nach der Trauung mit einer Linienmaschine der British Airways nach Barbados absetzten, um dort an Bord der »Britannia« zu gehen, die dann, ohnedies auf dem Weg nach Australien, einen Abstecher zu den Galapagosinseln machte, und ähnlich hatten es 13 Jahre zuvor Charles' Tante Margaret Rose und Tony Armstrong-Jones gehalten.

Als Königinmutter Elizabeth und der Herzog von York, Charles' Großvater, heirateten, sah es da noch ganz anders aus. Mit der Eisenbahn – die zwei alten Latschen, die ihnen als Glücksbringer in den offenen Landauer geworfen worden war, mitnehmend – dampften sie nach Polesden Lacey ab, einem Landhause, das ihnen von einer Hofdame zur Verfügung gestellt worden war, und wenn ihnen auf ihren Spaziergängen durch einen aprillaunischen Frühling, gekleidet wie zu einer Werbekampagne für englischen Tweed, wirklich mal ein Fotograf begegnete, dann gingen sie brav zurück, um sich erst wieder in Bewegung zu setzen, wenn der Mann mit Stativ und Plattenkamera zur Ruhe gekommen war.

Mag sein, daß es mit solchen Erinnerungen zusammenhängt, wenn die Königinmutter ihr Lebtag nicht die Gelas-

Zu Besuch in der neuen Heimat, in Tebury, in dessen anmutiger Hügellandschaft, den Cotswolds, der Herrensitz Highgrove liegt, wo Diana und Charles Wohnung nehmen wollen. (Central Press)

senheit vor Fotoapparaten verloren hat. So ist sie zum Lieblingsobjekt der Hofberichterstatter geworden, die ihr, als sie ihren achtzigsten Geburtstag feierte, zum Dank eine kostbare Chinavase und einen kaum zu fassenden Rosenstrauß überreichten.

Auch der Prince of Wales hat ein gutes Verhältnis zur Presse. Er geht davon aus, daß Reporter ebenso ihren »Job« tun wie er den seinen und beide Seiten willens sein sollten, es der anderen leichter zu machen. Was Lady Diana anbelangt, so hat sie sich schon beliebt gemacht, als sie, nachdem die offiziellen Verlobungsbilder aufgenommen worden waren, den Presseleuten einen speziellen Gruß zuwinkte (allerdings noch falsch; in königlichen Kreisen winkt man gewöhnlichem Volke mit dem Handrücken nach außen zu).

Charles wie Diana sind sich klar darüber, daß demjenigen, der ein Foto von Englands künftiger Königin im Bikini zustandebringt, ein Vermögen winkt, und daß es kaum einen Reporter gibt, der Hemmungen hätte, um dieses

Vermögen zu konkurrieren. Andererseits können sie sich darauf verlassen, daß sich Landsleute von ihnen ans Gesetz halten. Ebensowenig wie es erlaubt ist, in einem britischen Gerichtssaal zu fotografieren, ist es erlaubt, dies auf privatem Grund und Boden zu tun, wenn der Besitzer seine Einwilligung nicht gibt. Jener Fotograf, der durch ein Klofenster in Lady Dianas Kindergarten einzudringen versuchte, kam vom europäischen Kontinent; einem Engländer hätte solches Betragen die sofortige Entlassung eingebracht. Auf einer britischen Besitzung – etwa der 90 Quadratkilometer großen Insel Nevis in der Karibik, einem alten Seeräubernest und dem Ort, wo Englands volkstümlichster Held Nelson als blutjunger Captain die schöne und reiche Witwe Fanny Nisbet geheiratet hat – und auf privatem Boden wäre das königliche Brautpaar relativ sicher.

Während Charles und Diana in die Flitterwochen entschwanden, hat man in St. James's Palast letzte Hand an die Ausstellung der Hochzeitsgeschenke gelegt, wie immer Erlesenes von unschätzbarem Wert beinhaltend wie auch Kurioses für ein paar Pennies – Rahmen für die alles überstrahlende Attraktion: das Brautkleid.

Als die Queen heiratete, da langte unter anderem auch ein mächtiger Stein in Buckingham Palace ein. »Er stammt aus dem Berge Snowdon und ist unser Glücksstein gewesen«, hieß es in dem Begleitbrief eines alten Mannes in Walisisch, »jetzt soll der Stein dem Brautpaar Segen bringen.« Aus Irland schickte eine Frau eine braunschwarze, kohlenartige Masse – der Kuchen, schrieb sie, den sie vor lauter Freude im Backofen vergessen hatte, als das Radio Elizabeths Verlobung mitteilte. Und bei den Hochzeitsgeschenken von Prinzessin Anne – insgesamt 1400 – befanden sich, nicht minder ordentlich numeriert und katalogisiert wie die Brillantohrringe der Königin – zwei Sahne-Toffees als das Geschenk zweier Mädchen aus den Londoner Slums, das sie sich, buchstäblich, vom Munde abgespart hatten.

Und dann sind da natürlich die Teppiche und Brücken, die Vasen, die Tischlampen, nicht zu vergessen die Zierteller, ganze Stapel ausmachend, welche später an Altenheime, Veteranenvereine, Krankenhäuser und Jugendklubs gehen, um dort einen Ehrenplatz zu erhalten. Sie zu verteilen ist Dianas erste, Wochen beanspruchende Aufgabe, wenn sie aus den Flitterwochen zurückkommt, um ihre Rolle als die Gemahlin des britischen Thronfolgers zu übernehmen.

Was ist das für eine Rolle? Was steckt darin? Niemand weiß es, denn die Erinnerungen an die Zeiten, da neben einem Mann, der einmal König werden, eine Frau lebte, die einmal seine Königin werden sollte, sind verblaßt. (Charles' Großonkel David, der spätere Herzog von Windsor, ist ja als Junggeselle König geworden.)

Das ist natürlich von Vorteil. Es gibt keine Vergleichsmöglichkeiten; niemand wird sagen können, dies oder jenes habe soundso gemacht zu werden. Die Rolle der Frau neben dem Prince of Wales wird also die sein, die Lady Diana daraus macht. Prinz Albert, Queen Victorias Prinzgemahl, hat sie so beschrieben: »Sie besteht vor allem aus Beschränkungen und Frustrationen. Man soll beeindrucken – aber bitte nicht zu stark; man soll ankommen bei den Leuten – aber nicht gar so sehr. So ist man zeitlebens wie ein Boxer, der aufzupassen hat, ja nicht zu hart zuzuschlagen.«

Insofern scheint Charles' junge Frau jedoch gute Chancen zu haben. Die Presseleute sind jedenfalls zu der Auffassung gekommen, daß sie zwar scheu wirke, zwar sehr verhalten, daß aber hinter diesem Äußeren stählerne Nerven stecken. Als man ihr zum Beispiel nach der Verlobung aus der Menge »Glückwunsch, Di« zurief, dankte sie mit einem Lächeln – und der korrigierenden Bemerkung: »Übrigens, 's heißt Diana!«

Aus solchem Holze muß die Frau geschnitzt sein, deren erste Verhaltensregel lautet, von ihrem Gatten vor anderen niemals als von »Charles« zu reden. Er selber vereist schlagartig, wenn ihn jemand vertraulich mit »Wales« anspricht, und von der Königin als von seiner »Mutter« zu sprechen, kostet unweigerlich die Freundschaft.

Als Prinz Charles 1980 Highgrove kaufte, für einen Preis

Ein Haus für eine werdende Familie ist der aus dem 18. Jahrhundert stammende Herrensitz Highgrove mit neun Schlafzimmern, sechs Bädern und einem Trakt für die Kinder. (dpa)

um vier Millionen Mark, hat er es mit der Absicht getan, ein Heim für eine Familie zu schaffen. Das Haus, in jenem unprätentiösen Stil erbaut, den man in England den georgianischen nennt, wäre für einen Junggesellen viel zu groß: neun Schlafzimmer mit sechs Bädern, vier große Salons, ein Extraflügel, um Kinder unterzubringen, Pferdeställe und ein paar landwirtschaftliche Gebäude, umgeben von rund sechs Hektar Weiden in der anmutigen, als Beaufort Hunt County bekannten Landschaft der Cotswold-Hügel. Aber für einen Familienvater, der in London seinen Beruf auszuüben hat, ist es genau das richtige – knappe 150 Kilometer die Autobahn M 4 westwärts, für Charles' Aston Martin V8 eine Sache von einer guten Stunde, ohne daß er das Tempolimit zu überschreiten brauchte.

Und ringsum Verwandte und Bekannte. Prinzessin Annes Gatcombe Park bei Michinghampton keine fünfzehn Kilometer entfernt, Prinz Michael von Kents Lypiatt Manor nicht sehr viel weiter. Anne hat gerade ihr zweites Kind zur Welt gebracht, ein Mädchen und, nach Meinung der kinderlieben Diana, »ein goldiges Dingelchen«. Zum Herzog von Kent, dessen Vater 1942 in Schottland abgestürzt ist, als er sich auf dem Fluge nach Island befand, um Fliegerhorste zu inspizieren, hat Charles enge freundschaftliche Beziehungen wie ebenso zur Herzogin, der schönen Deutschen Marie-Christine von Reibnitz.

Auch Cheltenham ist nahe, um Rennen zu reiten, und Cirencester Park, um Polo zu spielen. Doch wichtiger dürfte sein, daß im Westen Charles' Herzogtum Cornwall mit der Inselgruppe der Scillies vor der Tür liegt, wo er auch ein Haus hat, den Bungalow »Tamarisk«.

Man weiß, daß Charles und Diana sich wegen der Einrichtung von Highgrove beraten haben, weiß aber auch, daß diese letzlich dem Innenarchitekten überlassen bleiben wird, der auch schon des Prinzen Wohnung in Buckingham Palace eingerichtet hat, einem Verwandten vom Vater her, Earl Mountbattens Schwiegersohn David Hicks. Er hat auch Gatcombe Parks Einrichtung besorgt und sehr zum Gefallen von Charles.

Was die Dame des Hauses beisteuert, dürften Vorschläge für eine Stereoanlage sein – Dianas Wunschtraum seit Kindertagen –, wohingegen der Hausherr auf einem Plätzchen bestehen wird, wo er das Cellospiel pflegen kann, in dem er es, anders als mit der Trompete, inzwischen zu konzertreifem Können gebracht hat. Das englische Kammerorchester, die Königliche Oper Covent Garden, die Vereinigung der Männerchöre von Wales jedenfalls, deren Schirmherr er ist, meinen, es mit einem Fachmann zu tun zu haben.

Die Zeiten sind vorbei, da Charles' Vater in Buckingham Palast Abstand davon nahm, nach einem Käsetoast zu fragen, weil es einfach unmöglich war, ihn über den mit uralten Kompetenzen gepflasterten Dienstweg wirklich warm aus der Küche zu bekommen. »Diana«, so meinen die Mädchen, die bisher mit ihr zusammengelebt haben, »dürfte sich in solch einem Falle selbst bemühen.«

Ungelöst ist noch das Problem, wo man in London Wohnung nehmen soll. Buckingham Palace ist zwar groß, aber nur zum Teil wirklich bewohnbar. Charles würde sich dort sonst gewiß nicht dem Straßenlärm ausgesetzt haben, der zur »rush hour« so stark ist, daß man ein Gespräch unterbrechen muß. Noch heute durchwandern zur Winterszeit die königlichen Kaminheizer den Palast und werkelt ein Mann geheimnisvoll mit Papptellern, Sirup und Anis – Ihrer Majestät Mäusefänger. Wenn der Haushalt der Queen rund 470 Leute zählt, so hat das seinen guten Grund.

Als Residenz in Frage kommen am ehesten Kensington Palace und St. James's Palace, der aus vielen kleinen, ineinander verschachtelten Palästen besteht, Chevening House wohl weniger. Dieses Schloß, Prinz Charles vom letzten Earl Stanhope überlassen, liegt zwar sehr hübsch – und auch nur eine Viertelstunde von London entfernt –, ist aber nach den Erfordernissen der heutzutage notwenigen Sicherheitsvorkehrungen nicht zu bewachen. Ein Attentäter mit einem Gewehr hätte leichtes Spiel.

Charles aber möchte keine aufwendigen Maßnahmen zu seinem Schutze und schon gar nichts, was nach Bewachung aussähe. Für Bevölkerung und Staat – das ist ganz allgemein die Ansicht des Königshauses – ist es wichtig, daß das Staatsoberhaupt inmitten der Nation präsent sein kann. Königtum mag undeutbar sein, etwas Wundersames, wie es sich allein schon aus seinem Alter ergibt. Aus der Monarchie als Staatsform jedoch ergeben sich sehr reale Forderungen, und zu denen gehört, daß ein Monarch gesehen werden muß, um glaubhaft zu sein.

Darum hat auch die Queen bisher jeden an sie herangetragenen Rat, der darauf hinausliefe, sich bei öffentlichen Auftritten in einen gepanzerten Käfig zwängen zu lassen, strikt zurückgewiesen, lieber Gefahren in Kauf nehmend wie eben jetzt wieder bei ihrer »offiziellen« Geburtstagsparade am 13. Juni, als ein halbwüchsiger Nichtsnutz sechs Schreckschüsse abfeuerte, als sie gerade vorbeiritt. Ein Fall für den Psychiater, was den Burschen angeht. Für die Queen war es das Risiko, das sie um der Würde der Krone, der

Größe des Reiches willen, die sich in ihrer Person vereinigen, einzugehen gewillt ist.

Obwohl im Damensattel reitend, ist es ihr schnell gelungen, »Burmese«, einen neunzehnjährigen Wallach, der sonst in London normalen Polizeidienst versieht, wieder in den Griff zu bekommen – und obschon zunächst kreidebleich geworden, bot sie, als sie dann wenig später auf dem Paradeplatz einritt, das gewohnte respektheischende Bild.

Auch Charles sind Angriffe auf ihn nichts Unbekanntes, und üblere als die, denen er sich bei Demonstrationen zu stellen hat, wo man ihn bespuckt und mit Eiern und Tomaten bewirft. 1978 wurde ein Mann mit Gefängnis belegt, der den Prinzen verletzte, als er ihm eine Flasche durchs Autofenster schleuderte. Im April 1974 kam Charles sogar nur durch das Eingreifen seines Leibwächters Officer mit dem Leben davon.

Während eines Marinelehrganges in einer gewöhnlichen Kaserne untergebracht, wurde er nachts um zwei von einem Leutnant überfallen und zu Boden gebracht, der schon mit einem Stuhl ausholte, um ihm den Schädel einzuschlagen, als dem Angreifer im letzten Moment der durch den Lärm wachgewordene Chefinspektor in den Arm fiel – ein Geistesverwirrter, wie sich herausstellte. Doch ist es bei Officer und MacLean geblieben, die nun schon über zwölf Jahre Charles' Schatten sind, immer abwechselnd, der eine inzwischen ein gleichwertiger Taucher und Windsurfer, der andere ein ebenso guter Skiläufer – und beide Charles' Freunde.

Von den 119 Horoskopen, samt und sonders unerbetenen, die Charles anläßlich der letzten Jahreswende zugegangen sind, spricht allerdings nicht eines von dunklen Wolken – abgesehen davon, daß drei einen »Weltkonflikt« prophezeien, in den er als König verwickelt werden würde, und vier »eine Frau« voraussagen, durch die er zum Abdanken veranlaßt werden könnte.

Das unter den exakt durchgearbeiteten Horoskopen am ernstesten zu nehmende besagt das Folgende: Ein Junge und ein Mädchen werden dem Paar in den ersten vier Jahren geboren werden, nach einer längeren Phase dann noch ein drittes Kind. Die Tätigkeit von Charles und Diana werde darin bestehen, ihr Land auf Auslandsreisen zu repräsentieren, wohingegen es weniger wahrscheinlich sei, daß sie (der Prinz als General Gouverneur) nach Australien gehen. 1984 könnte es zu Störungen kommen, vielleicht nur der Gesundheit, 1987 zu einem Ereignis in Art eines Wechsels – was auch ein Umzug sein kann.

Daß Charles auf den Thron kommt, könnte 1989 geschehen – er wäre dann einundvierzig, die Queen dreiundsechzig und 37 Jahre in ihrem Amt –, doch werde diese neue Monarchie von anderer Art sein, einer, die das Königtum jedoch noch populärer mache.

Für die beiden Hochzeiter zweifellos am interessantesten: die Position der Venus in Charles' Sternbild garantiert Liebe auf ewig!

Die Tierkreiszeichen, unter denen die beiden geboren sind, ergeben ähnliche Aspekte – er ein Skorpion, sie ein Krebs. Vom Skorpionmenschen sagt man, daß er energisch, bestimmt, selbstbewußt, lebenslustig und sexy sei, vom Krebsmenschen, daß er von Intuitionen und Emotionen geleitet werde, zuweilen das Gefühl der Unsicherheit habe, ganz gewiß aber einen stark ausgeprägten Sinn für Häuslichkeit; der weibliche Krebs ist die ideale Mutter. Charles, keine Frage, ist der typische Skorpion, Diana, ebenso unzweifelbar, der typische Krebs. Und so passen sie eigentlich gar nicht zusammen.

Psychologen, die tiefer sehen, sind gegenteiliger Ansicht. Denn da ist Charles' Kern, und der ist ein weicher, und da ist Dianas seelische Grundsubstanz, und das sind jene »Nerven aus Stahl«. Woraus sich ergibt, daß die zwei sehr wohl zusammenpassen – nämlich wie zwei Zahnräder, wo eins den Zacken des anderen seine Lücke bietet.

Woraus die Psychologen ihre Kenntnisse schöpfen, ist vor allem Charles' Handschrift. Eine »Girlandenschrift« mit leichter Linkstendenz, rhythmisch, ebenmäßig und klar gegliedert, die Oberlängen stärker betont als die Unterlängen, ist sie die Schrift eines Menschen, welcher sich anzupassen versteht, der nüchtern, ordentlich, umsichtig, keineswegs triebabhängig – und introvertierter ist, als es nach außen hin scheint.

Aber es sind ja nicht seine Talente und Eigenschaften, die Charles zu dem gemacht haben, was er ist. Er ist in diese Rolle hineingeboren worden, die ihm selbst das Einfachste verwehrt, was jedem von uns freisteht – Freunde zu nehmen, wo er sie findet. Wie er einmal, mit einem Seufzer und sein Kinn massierend, zu begleitenden Reportern gesagt hat: »Ihr habt's gut, ihr könnt ausprobieren, ob's klappt mit einer Frau – aber unsereins muß dafür erst heiraten.«

Es waren diese ihm wohlbekannten ständigen Hofberichterstatter, die ihm besonders herzlich Glück wünschten zur Hochzeit und darauf telegrafisch zur Antwort bekamen: »Vielen Dank von uns beiden – aber wie ich die Dinge sehe, wird euch das nicht überflüssig machen.«

Was für den Prince of Wales und Lady Diana, die nun Prinzessin neben ihm ist, einen großen Anfang bedeutet, ist für die Öffentlichkeit, die dabei zuschaut, nur eine neue Seite dieser Geschichte.

Gemeinsame Stammtafel von

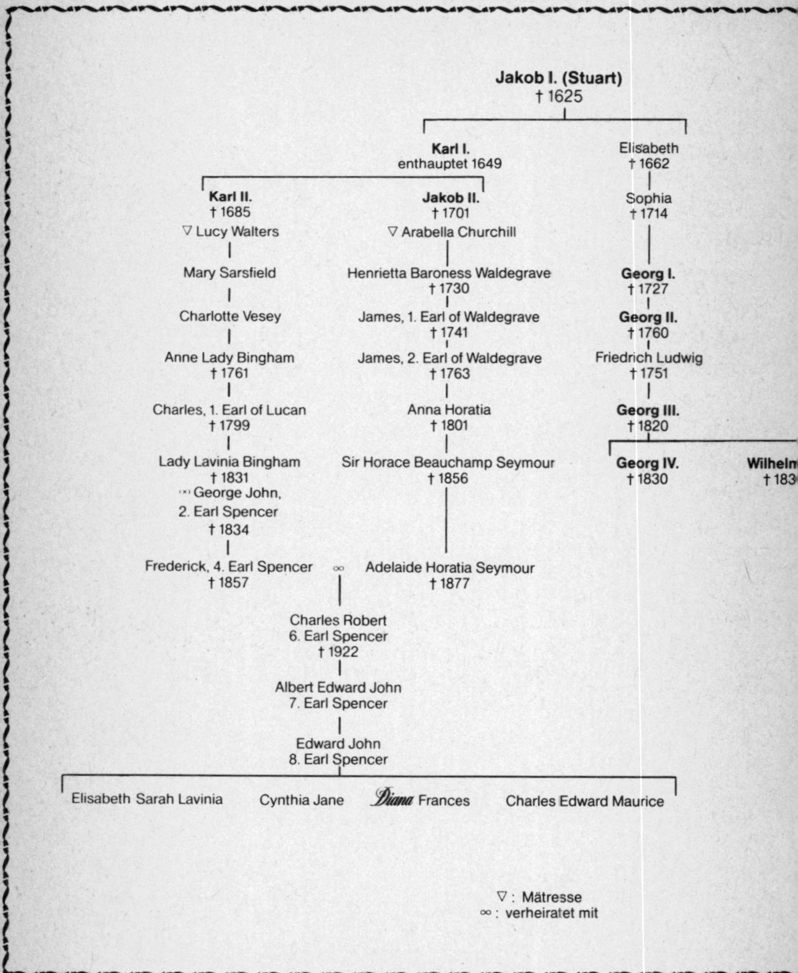

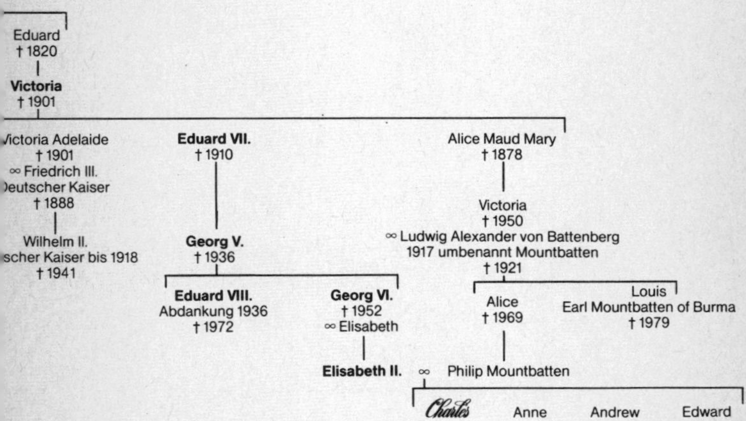
Eduard
† 1820
Victoria
† 1901
Victoria Adelaide
† 1901
∞ Friedrich III.
Deutscher Kaiser
† 1888
Wilhelm II.
scher Kaiser bis 1918
† 1941
Eduard VII.
† 1910
Georg V.
† 1936
Eduard VIII.
Abdankung 1936
† 1972
Georg VI.
† 1952
∞ Elisabeth
Elisabeth II.
∞
Philip Mountbatten
Alice Maud Mary
† 1878
Victoria
† 1950
∞ Ludwig Alexander von Battenberg
1917 umbenannt Mountbatten
† 1921
Alice
† 1969
Louis
Earl Mountbatten of Burma
† 1979
Charles
Anne
Andrew
Edward